Frère Roger, Taizé

Einfach vertrauen

Frère Roger, Taizé

Einfach vertrauen

Gedanken und Begegnungen

Ausgewählt von Marcello Fidanzio

FREIBURG · BASEL · WIEN

Titel der Originalausgabe:
Una fiducia molto semplice, San Paolo 2004
Übersetzung der französischen Originaltexte:
Communauté de Taizé

Alle Rechte vorbehalten – Printed in Germany
© Ateliers et Presses de Taizé, 2004
© der deutschen Ausgabe Verlag Herder Freiburg im Breisgau 2005
www.herder.de

Umschlaggestaltung: Finken & Bumiller
Umschlagmotiv: Sabine Leutenegger, CH-Wil
Fotos im Innenteil: Sabine Leutenegger und Taizé (S. 41, 86, 91, 150, 152, 153, 156), Bund/Bohus (S. 154) und Vladimir Sichov (S. 155)

Satz: Barbara Herrmann, Freiburg
Druck und Bindung: fgb · freiburger graphische betriebe 2005
www.fgb.de

Gedruckt auf umweltfreundlichem,
chlorfrei gebleichtem Papier
ISBN 3-451-28832-X

Inhalt

Einleitung 7
Ein Gleichnis der Gemeinschaft 23
Mit dem Herzen zuhören 41
An den Quellen des Vertrauens 59
Liebe und sag es durch dein Leben 81
Christus kommt und erhellt unsere Nacht 101
Tagebuchaufzeichnungen 123
Gebete 143
Lebensdaten 149
Quellenangaben 158

Esprit Saint,
fais de nous des humbles de l'Évangile.
– nous voudrions tellement comprendre
qu'en nous le meilleur se construit
à travers une confiance toute simple.
..... et même un enfant y parvient.

Heiliger Geist,
mache uns zu Geringen des Evangeliums.
– Wir möchten so gerne begreifen,
dass das Beste in uns wächst,
indem wir einfach vertrauen.
… und das gelingt selbst einem Kind.

Einleitung

Wer sich in Frère Roger einfühlen möchte, hält sich am besten dessen Großmutter mütterlicherseits vor Augen. Während des Ersten Weltkriegs lebte sie als Witwe in Nordfrankreich unweit der Schlachtfelder. Unter dem Geschützfeuer blieb sie in ihrem Haus und gab dort vielen vorüberziehenden Flüchtlingen Zuflucht. Frère Roger erinnert sich noch gut an den Abend, an dem die Großmutter bei seiner Familie in der Schweiz eintraf, nachdem sie gezwungen gewesen war, selbst zu fliehen. Er sah eine erschöpfte Frau aus dem Wagen steigen, ging zu ihr hin und begrüßte sie. Als Kleinster der Familie war er als Erster an der Reihe. Gleich danach verlor die Großmutter vorübergehend das Bewusstsein. Sie hatte ihre Kraft damit verbraucht, sich anderen zu widmen. Frère Roger erinnert sich daran, wie sehr seine Großmutter darunter litt, dass die Christen, die in verschiedene Konfessionen gespalten waren, in Europa gegeneinander standen und einander umbrachten: Wenn wenigstens sie sich versöhnten, wäre ein Anfang gemacht, einen neuen Krieg zu verhindern, pflegte die alte Dame zu sagen. Sie, die aus einer Familie stammte, die seit Generationen evangelisch war, begann die katholische Kirche aufzusuchen, um in sich selbst einen Schritt der Versöhnung zu tun. Die beiden Anliegen seiner Großmutter, arme Menschen aufzunehmen und sich mit dem katholischen Glauben zu versöhnen, haben das Leben des zukünftigen Gründers von Taizé tief geprägt.

In seiner frühen Jugend erkrankte Frère Roger an Tuberkulose. Die Krankheit hielt sich mehrere Jahre. Eine Zeit lang schwebte er in Lebensgefahr. Er musste seine Schulzeit unterbrechen und verbrachte lange Monate in den Bergen, wo er viel las und ausgedehnte Spaziergänge unternahm. „Es waren Jahre, in denen mir bewusst wurde, dass in mir etwas heranwuchs", sagt der Gründer von Taizé heute. „Ich begann zu begreifen, dass ein Gott der Liebe und des Erbarmens nicht Urheber von Leid sein kann. Und ich machte eine Entdeckung: Nicht erlesene Gaben oder außerordentliche Fähigkeiten ermöglichen es einem, als Mensch, der in Gott lebt, schöpferisch zu sein. Auch aus leidvollen Prüfungen kann Lebensmut erwachsen. Die Krankheit hatte die Zukunft eingeleitet. Der Ruf Gottes war mit etwas Schwerem verbunden, das ich damals noch nicht einsehen konnte."

Während der Studienjahre entdeckte Roger etwas Neues, Bereicherndes. Mit einem Gefährten dachte er über die Frage nach, warum so viele Jugendliche nach dem Ende des Studiums mit ihrem Glauben allein dastehen: Wie kann man die eigene Suche lebendig halten? Wie kann man das Gute, das begonnen hat, weiterführen? Es kam darauf an, über das rein persönliche Glaubensleben hinauszugehen und zu erfahren, wie sinnvoll es ist, mit anderen zu teilen und sich auszutauschen. So kam der Gedanke auf, ein gemeinsames Leben zu führen.

1940 war Roger 25 Jahre alt, und ein neuer Krieg zerriss Europa. In dieser Zeit tiefen Leidens entschloss er sich, die neutral gebliebene Schweiz zu verlassen und nach Taizé zu ziehen, in ein kleines südburgundisches Dorf unweit der Demarkationslinie, die das freie Frankreich von dem durch die Deutschen besetzten Teil trennte. Er wollte Menschen helfen, die sich in Schwierigkeiten befanden, und die Grundlagen für ein gemeinsames Leben schaffen. „Je mehr ein Glaubender aus dem Absoluten Gottes leben will", schrieb er später, „desto tiefer muss er dieses Absolute in das menschliche Leid einwurzeln." Er begann politischen Flüchtlingen Zuflucht zu gewähren, insbesondere Juden. 1942 musste er sich nach Genf absetzen, weil die Miliz Hausdurchsuchungen durchführte. In Genf schlossen sich ihm drei Brüder an. Gemeinsam kehrten sie im Herbst 1944 nach Taizé zurück.

Am Ostersonntag 1949 banden sich die ersten sieben Brüder für das ganze Leben zum Zölibat und einem gemeinsamen, in schlichter Einfachheit geführten Leben. Frère Roger wurde Prior. Wie oft verwendet der Gründer von Taizé die Wendung „Risiken für die Verkündigung des Evangeliums eingehen". Dieses Wort will jeden Tag aufs Neue nach den Möglichkeiten des Einzelnen und je nach den Umständen gelebt werden.

Im Leben Frère Rogers und für die Entwicklung der Communauté de Taizé war die Begegnung mit Papst Johannes XXIII. sehr wichtig. Durch ihn erkannten die Brüder, dass es für eine wirkliche Versöhnung unter den Christen nötig ist, das Dienstamt des Bischofs von

Rom als des universalen Hirten zu unterstreichen und einen Weg in Gemeinschaft mit ihm zu suchen. 1958 wurde Frère Roger auf Empfehlung des damaligen Erzbischofs von Lyon gleich am ersten Audienztag von Johannes XXIII. privat empfangen. „Der Papst zeigte sich sehr interessiert an dem, was wir lebten", erzählt der Gründer von Taizé, „und als wir von Versöhnung sprachen, klatschte er in die Hände und rief Bravo! Er war ein offener Mensch voller Freude und Spontaneität." Von der ersten Begegnung an verband beide eine enge Beziehung, die von gegenseitiger Zuneigung lebte. Frère Roger erhielt seitdem jedes Jahr eine Privataudienz; die Tradition blieb auch bei den folgenden Päpsten erhalten. Johannes XXIII. hatte tiefen Einfluss auf den Weg der Communauté: „Er gibt uns heute noch den Mut weiterzumachen." 1960 begrüßte der Papst den Gründer von Taizé mit Worten, die fast sprichwörtlich geworden sind: „Ah! Taizé, der kleine Frühling."

Frère Roger ist ein Mensch, der zuhört. Auch im hohen Alter bleibt er jeden Abend am Ende des gemeinsamen Gebets in der Kirche, um Menschen zu begegnen. Zusammen mit den Brüdern will er, wie er sagt, für die Jugendlichen kein Meister des geistlichen Lebens sein, sondern sich mit ihnen auf den Weg zu Christus machen. Mit beeindruckender Aufmerksamkeit hört er seinem Gegenüber zu, Zeit und Raum spielen keine Rolle. Er ist ganz für den Menschen da, der ihm gegenübersteht. Er bedient sich schlichter Mittel, um zu Christus zu führen und Hoffnung zu machen: Nicht nur der Worte, sondern auch des Schweigens, eines erstaunten

Ausrufs oder eines gemeinsam gesprochenen Gebets, und auch einiger Gesten, wie der des Kreuzes, das er einem mit der Hand auf die Stirn zeichnet, wenn sich im Gespräch keine Worte mehr einstellen. Vor einigen Jahren sagte der frühere Mailänder Kardinal Carlo Maria Martini, dass Frère Roger mit seinen Augen und seinen Gesten das neue Leben widerspiegelt, das die Frucht der Taufe ist. Diese Gabe versucht der Gründer von Taizé, so gut es ihm möglich ist, jedem Menschen weiterzugeben, der ihm begegnet. Sein ganzes langes Leben hindurch ist er selbst ein Suchender geblieben.

Die Schriften von Frère Roger decken einen langen Zeitraum ab (1941–2004) und können nur von seinem Einsatz in der Communauté de Taizé her verstanden werden. In seiner Jugend wollte er Schriftsteller werden und ein dementsprechendes Studium absolvieren. Er schrieb einen autobiographischen Essay mit dem Titel „Vom Lauf einer puritanischen Jugend", fuhr nach Paris und bot ihn der damals renommierten „Nouvelle Revue Française" an. Der Verleger nahm in zur Veröffentlichung an, verlangte jedoch, den Schluss umzuarbeiten. Roger erwiderte, dass ihm das nicht möglich sei, und mit dieser Entscheidung stand auch der Entschluss fest, auf ein Leben als Schriftsteller zu verzichten. Er bekräftigte seine Entscheidung, indem er das Manuskript verbrannte und einer inneren Eingebung folgend beschloss, nach dem Theologiestudium mit anderen ein gemeinsames Leben zu beginnen. In der Folgezeit mangelte es ihm nicht an Gelegenheit, schriftstellerisch tätig zu werden, aber nur in dem Maß, wie es seine Aufgabe in der Communauté und das Wirken der Brüder von Taizé erforderten.

Es ist nicht schwierig, verschiedene Phasen in den Schriften Frère Rogers zu unterscheiden. Themen und literarische Formen wechseln im Lauf der Zeit. Während der ersten Periode, ab 1941, drehen sich seine Schriften um das Thema des gemeinsamen Lebens, mit dem Ziel, sein Vorhaben bekannt zu machen und der sich formierenden Communauté de Taizé eine Wegskizze zu geben. Frère Roger stellt schmale Bändchen zusammen, die oft aus kurzen Abschnitten mit einfachem und unmittelbarem Zugang zum Thema bestehen. Diesen Stil behält er bei. Nicht ausführlicher als unbedingt nötig, aber in einer Weise schreiben, die zu Herzen geht, „das Wesentliche" also, wie er zu sagen pflegt, das es zu vermitteln gilt. Die herausragenden Texte sind „Die Regel von Taizé" (1953) und „Einmütigkeit im Pluralismus" (1966), eine Ergänzung der Regel. „Die Regel von Taizé" ist vielleicht das bekannteste Buch Frère Rogers und hat unzählige Auflagen in vielen Sprachen erlebt. Sie entsprach dem Wunsch der ersten Brüder nach einer Grundlage, auf die man immer wieder zurückkommen kann. Es handelt sich nicht um einen reglementierenden Text, vielmehr soll „das Wesentliche, das ein gemeinsames Leben ermöglicht", zusammengefasst werden. Die Regel weist tiefe Verbindungen mit Schriften der Kirchenväter auf, insbesondere Benedikts von Nursia, mit dem sich Frère Roger in seiner theologischen Lizenziatsarbeit beschäftigt hatte.

In derselben Periode schreibt der Gründer von Taizé drei Bücher, die das christliche Zeugnis in der zeitgenössischen Welt und den Ökumenismus zum Gegenstand haben. Diese Themen liegen ihm sehr am Herzen und spielen bis heute für die Communauté eine große Rolle: „Im Heute Gottes leben" (1958), „Einheit und Zukunft" (1962) und „Die Dynamik des Vorläufigen" (1965). In den sechziger Jahren ziehen in wachsender Zahl Jugendliche nach Taizé. Sie nehmen am Gebet der Communauté teil, kommen miteinander ins Gespräch und sprechen sich bei den Brüdern aus. Besonders nach den Ereignissen von 1968 haben sie tief gehende Fragen und schwere Enttäuschungen im Gepäck. Die Brüder nehmen sich für sie Zeit, helfen ihnen, wieder Hoffnung zu schöpfen, und laden sie ein, sich um die Zukunft der Kirche Gedanken zu machen. Dies beeinflusst auch die Schriften Frère Rogers. Kurz vor den Mai-Ereignissen in Frankreich hatte er ein neues Buch fertig gestellt, aber zahlreiche Gespräche kurz danach veranlassen ihn, den Text zu überarbeiten. Zu den Abschnitten über verschiedene Themen gesellen sich Tagebucheinträge, in denen er Eindrücke von den Gesprächen mit den Jugendlichen wiedergibt. So leitet „Die Gewalt der Friedfertigen" (1968) eine neue Phase in den Schriften des Gründers von Taizé ein. Viele Jahre hindurch veröffentlicht er nun Auszüge aus seinem Tagebuch, teilt mit dem Leser Erfahrungen, Eingebungen und Eindrücken, die seine Tage erfüllen. Es finden sich darin viele Eintragungen in einer poetischen Sprache, die seinen kontemplativen Blick auf die Umgebung verrät. Die Titel der Tagebuchbände fassen zusammen,

möge das Staunen einer Liebe
             anbrechen...
und die Quelle hellen Jubels
             nie versiegen.

was Frère Roger in jenen Jahren wahrnimmt: „Ein Fest ohne Ende" (1970), „Kampf und Kontemplation" (1973), „Aufbruch ins Ungeahnte" (1976), „Einer Liebe Staunen" (1979), „Blühen soll deine Wüste" (1982) und „Vertrauen wie Feuer" (1985).

Um die Suche der Jugendlichen zu begleiten, begann die Communauté de Taizé 1980 einen „Pilgerweg des Vertrauens auf der Erde". Er organisiert Jugendliche nicht in einer Bewegung, sondern möchte sie dazu anregen, im Alltag Frieden zu stiften und in Vertrauen und Versöhnung zu leben. Jedes Jahr schreibt Frère Roger für diesen „Pilgerweg" einen „Brief", der bei den von der Communauté durchgeführten Treffen zum Nachdenken dient. Der Jahresbrief wird in rund sechzig Sprachen übersetzt. Er entsteht jahrelang in Elendsvierteln, in denen Frère Roger, zum Teil zusammen mit einer internationalen Gruppe Jugendlicher, für einige Zeit mitlebt.

Fünfzig Jahre nach seiner Ankunft in Taizé überarbeitet Frère Roger umfassend den Text der Regel der Gemeinschaft. Er versucht sie noch stärker auf das Wesentliche zurückzuführen. Einige Jahre zuvor entschied er sich bereits, den Begriff „Regel" aufzugeben, weil er zu legalistisch klingt, und ersetzt ihn durch „Die Quellen von Taizé". Die Neufassung erscheint 1990 mit dem Untertitel „Liebe aller Liebe". Auch sie wird später wieder geändert. In den folgenden Jahren legt er schließlich zwei weitere knappe Bände vor, Frucht einer langwierigen Neubearbeitung früherer Schriften, der er sich unermüdlich widmet: „In allem ein innerer Friede" (1995), mit wenigen Zeilen für jeden Tag eines Jahreslaufs, und „Gott kann nur lieben" (2001), das laut Umschlagtext „seine Glaubenswelt zusammenfasst, die Leitthemen seines Lebens, und von Begegnungen spricht, die ihn tief bewegt haben".

Daneben entstanden über die Jahre einige Bände, die Frère Roger zusammen mit Mutter Teresa, mit der er eng verbunden war, geschrieben hat: „Kreuzweg" (1986), „Maria. Mutter der Versöhnung" (1987) und „Gebet – Quelle der Liebe" (1992).

Über die Bücher Frère Rogers schreibt der orthodoxe Theologe Olivier Clément in seinem Buch über Taizé: „Die kurzen, lichtvollen Texte Frère Rogers haben mich stark berührt – seine Bücher trägt man gerne bei sich, vielleicht wie eine Flasche Wasser, wenn man in die Wüste geht."

Fragt man den Gründer von Taizé, was er durch sein Leben sagen will, erinnert er an seine Großmutter mütterlicherseits: „Ihr Zeugnis hat mir einen ganz konkreten Weg aufgetan. Ihr Entschluss, arme Menschen aufzunehmen und in sich Versöhnung zu suchen, hat mich für das ganze Leben geprägt. Ich fand meine Identität als Christ darin, in mir den Glauben meiner Ursprünge mit dem Geheimnis des katholischen Glaubens zu versöhnen, ohne die Gemeinschaft mit irgendjemandem abzubrechen." Durch die Gründung der Communauté de Taizé suchte Frère Roger neue Wege, die Risse zu heilen, die die Christen trennen, und durch die Versöhnung der Christen die Konflikte der Menschheitsfamilie beizulegen.

Seit seiner Jugend widmet sich Frère Roger dem Anliegen der Versöhnung und der Frage, wie man die Leiden der Schwächsten lindern kann. Für den Gründer von Taizé liegt die Quelle solchen Engagements in der Suche nach einem Leben in Gemeinschaft mit Gott. Er arbeitet beharrlich daran, diese Erkenntnis weiterzugeben, in Worten und konkreten Gesten. Mehr denn je – ist er überzeugt – besteht das Zeugnis der Christen heute darin, aus dem eigenen Leben einen Widerschein des Evangeliums zu machen, so klar und lauter er nur sein kann.

Frère Roger spricht von der Beziehung zu Gott als einer Wirklichkeit, die zutiefst in jedem Menschen zu finden ist: „Die Gemeinschaft mit dem lebendigen Gott rührt an das Einzigartige, das Innigste in der Tiefe des Menschen." Einmal ist die Gegenwart Gottes spürbar, ein andermal eher verborgen. Inspiriert von Augustinus schlägt er einen schlichten Weg vor, auf dem es sich zeigt, wie nahe jedem Menschen die Möglichkeit liegt, in Gemeinschaft mit Gott zu leben: „Schon das Verlangen nach Gott ist der Anfang des Glaubens."

Als Kern seiner Suche hat Frère Roger die Liebe Gottes zu jedem Menschen erkannt. Einige Worte aus dem Johannes-Evangelium liegen ihm besonders am

Herzen, und er wiederholt sie oft in dieser Form: „Jesus Christus, du bist nicht auf die Erde gekommen, um die Welt zu richten, sondern damit durch dich jedes menschliche Geschöpf gerettet und versöhnt wird." Der Gründer von Taizé hält die Vorstellung, dass Gott den Menschen quält oder verurteilt, für eines der größten Hindernisse im Glauben. Deshalb spricht er bei jeder Gelegenheit vom liebenden und verzeihenden Gott: „Gott liebt, Gott kann nur lieben." Ähnliche Äußerungen finden sich dutzende Male in seinen Schriften; sie fassen am besten zusammen, was Frère Roger weitergeben möchte.

Wer erkennt, wie groß das Verzeihen Gottes ist, kann mit wachsender Kraft anderen Menschen verzeihen. Die „Regel von Taizé" erinnert mit jedem Satz an einen Gedanken der Mutter Frère Rogers: „Wenn wir die Barmherzigkeit verlieren, haben wir alles verloren." Ein Leben in Gemeinschaft mit Gott ermöglicht es, Versöhnung mit den Menschen zu suchen und die Leiden der Ärmsten zu lindern.

Frère Roger gesteht ohne weiteres Ängste und Anfechtungen ein. Er hört gerne zu, wenn jemand Fragen hat, weiß aber, dass er nicht auf alle Fragen eine Antwort findet. Oft vermag er nur zu schweigen oder seiner Besorgnis Ausdruck zu verleihen. Geht es jedoch um Dinge, über die ihm eine Erkenntnis zuteil wurde, lebt er auf und führt aus, was er herausgefunden hat. Unschwer begreift man, dass er sich jeden Tag denselben Fragen stellt, mit denen auch viele auf den Hügel von

Taizé kommen, um ihren eigenen Weg zu suchen, und dass auch seine Suche durch ihre Anfechtungen hindurchgeht. Es ist wohl jedem Menschen möglich, sich auf einen solchen Weg zu begeben: Sich der Hoffnung öffnen, aus dem Vertrauen leben, den Frieden des Herzens suchen, in allem an der Freude festhalten. Die Dinge, zu denen Frère Roger etwas sagt, sind für ihn nicht ein für alle Mal erreicht, sondern stets neu zu suchen und zu finden. Wenn er über Taizé spricht, über das, was sich auf seinen Anstoß hin entwickelt hat, stellt er klar, dass man „sich nur von dem her aufbauen kann, was man selbst ist, mit den eigenen Grenzen, der eigenen Zerbrechlichkeit. Gott legt einen Schatz des Evangeliums in die irdenen Gefäße, die wir sind."

„Vielleicht befindet sich das Geheimnis schon in den baren Händen einiger Männer, die anscheinend mittellos und tastend sich bemühen, wieder neu eine Werteskala aufzustellen und eine Lebensordnung zu finden", schrieb 1957 Hubert Beuve-Méry, der Gründer der Tageszeitung „Le Monde", nach einem Besuch in Taizé. „Vielleicht fehlt der ziellos taumelnden Welt letztlich vor allem die Lebensweise von Cluny, mit allen für das 20. Jahrhundert erforderlichen Veränderungen."

Ein Gleichnis der Gemeinschaft

Gemeinsames Leben,
das das Evangelium ausstrahlt

In meiner Kindheit saßen wir an manchen Sommernachmittagen zusammen, und es wurde vorgelesen. Eine häufig wiederkehrende Lektüre waren einige Auszüge aus der von Sainte-Beuve verfassten Geschichte von Port-Royal. Es handelte sich um eine Gemeinschaft von Zisterzienserinnen, die im 17. Jahrhundert in der Nähe von Paris lebte. Nach dem Tod der Äbtissin übernahm Angélique Arnauld, Tochter eines Pariser Advokaten, ihren Platz. Wie es damals üblich war, hatte ihr Großvater dafür gesorgt, dass sie trotz ihres jungen Alters für diese Aufgabe bestimmt wurde. Entgegen ihren Wünschen blieb sie im Kloster und lebte dort mehrere Jahre in tiefer innerer Unruhe.

Eines Tages, erzählt Sainte-Beuve, die junge Äbtissin war siebzehn Jahre alt, hielt ein Priester auf der Durchreise der Gemeinschaft eine Ansprache. Jener Priester war für sein ungeordnetes Leben bekannt, aber an jenem Tag sprach er mit einleuchtenden Worten über die Liebe Gottes, über seine ungebrochene, grenzenlose Güte. Diese Worte lösten bei der jungen Angélique Arnauld eine innere Wende aus: „Gott berührte mich in diesem Augenblick so tief, dass ich tieferes Glück darin fand, Ordensfrau zu sein, als ich es vorher für ein Unglück angesehen hatte."

Nun besann sie sich auf die Quellen ihrer Berufung und führte im Leben der Gemeinschaft tief greifende Veränderungen durch; es entstand allmählich ein Ort mit großer Ausstrahlung. Unter anderem trat Blaise

Pascals Schwester in die Gemeinschaft ein. Auch Männer kamen und verbrachten im Umfeld des Klosters längere oder kürzere Zeiten mit Gebet und Studium; sie wurden die „Herren von Port-Royal" genannt.

Meine Mutter bewunderte diesen Abschnitt in der Geschichte von Port-Royal-des-Champs so tief, dass sie auf ihrem kleinen Schreibtisch ein Porträt von Mère Angélique Arnauld stehen hatte und zu sagen pflegte: „Sie ist meine unsichtbare Freundin."

Mich fesselte, was einige Frauen, die als Gemeinschaft zusammenlebten, zustande brachten. Nahe an unserem Haus stand eine Eibe mit einem dichten Blätterdach. Eines Tages, ich war vielleicht sechzehn Jahre alt, blieb ich bei diesem Baum stehen und sagte mir: „Wenn einige wenige Frauen, die auf eine gemeinsame Berufung eine klare Antwort gaben und ihr Leben um Christi willen hingaben, das Evangelium so stark ausstrahlen konnten, warum sollte dies nicht auch einigen Männern möglich sein, die sich in einer Gemeinschaft vereinen?"

Jene Eingebung hat mich seither wohl nie mehr verlassen: Ein Leben in Gemeinschaft kann ein Zeichen dafür sein, dass Gott Liebe und nur Liebe ist. Allmählich reifte in mir die Überzeugung, dass es darauf ankam, eine Gemeinschaft ins Leben zu rufen, eine Gemeinschaft von Männern, die entschlossen sind, ihr ganzes Leben zu geben, und die versuchen, sich stets zu verstehen und zu versöhnen. Eine Gemeinschaft, in der es im Kern um die Güte des Herzens und die Einfachheit geht.

Lieben, S. 30–32

*Jésus le Christ, dans ton Évangile
tu nous l'assures :
je ne vous laisserai jamais seuls ; je vous
enverrai l'Esprit Saint. Il sera un soutien
et un consolateur ..... et il restera avec vous
pour toujours.*

*Jesus Christus, in deinem Evangelium versicherst
du uns: Ich lasse euch nie allein, ich sende euch meinen
Heiligen Geist. Er wird euch Stärkung und Tröster
sein ... und er wird immer bei euch bleiben.*

Du bist nicht mehr allein

Du willst um Christi und des Evangeliums willen dein Leben hingeben[1] – denk daran, dass du auch noch in deiner eigenen Nacht mit ihm auf das Licht zugehst.

Verzichte also darauf zurückzuschauen[2] und laufe in den Spuren Jesu Christi. Er führt dich auf einen Weg des Lichts: Ich bin, aber auch: Ihr seid das Licht der Welt.[3]

Du möchtest vielen anderen die Wege des Herrn Jesus Christus bereiten[4], willst selbst noch in den Nächten der Menschheit ein Feuer entzünden.[5]

Du weißt, Jesus Christus ist für alle[6], nicht nur für einige gekommen; er hat sich ausnahmslos an jeden Menschen gebunden. Eine solche Katholizität des Herzens hat Gott in dich gelegt.

Lässt du in dir ein Leben wachsen, das weder Anfang noch Ende kennt? Dort gelangst du an die Tore der Freude des Evangeliums, und in ihr wurzelt die Solidarität mit den Menschen.

Die Erde bewohnbar machen für alle Menschen in nah und fern: eine der wesentlichen Seiten des Evangeliums, die mit deinem Leben geschrieben sein will.

Selbstvergessenheit, Selbstlosigkeit lassen dich mitten in den gegenwärtigen Gegebenheiten der Menschheitsfamilie mit ihren ständigen Schwankungen standhalten. Suchst du zu verstehen, ohne dich von jeder neuen Welle forttragen zu lassen?

---

[1] Mk 10,29 und Mt 16,25
[2] Lk 9,62
[3] Joh 8,12 und Mt 16,25
[4] Mk 1,3
[5] Lk 12,49
[6] Tit 2,11

Zählst du zu den Menschen, die durch ihr Teilen mit ganz geringen Mitteln froh machende menschliche Hoffnung entfachen?

Stiftest du mit fast nichts Versöhnung in der Gemeinschaft der Liebe, die der Leib Christi, seine Kirche ist?

Der gemeinsame Einsatz spornt dich an – freue dich, du bist nicht mehr allein, in allem gehst du den Weg mit deinen Brüdern. Mit ihnen bist du berufen, das Gleichnis der Gemeinschaft zu verwirklichen.

Quellen, S. 55–56

Der Frieden im Herzen

Der Frieden in deinem Herzen macht den Menschen, die dir nahe sind, das Leben schön.

Sich in quälender Sorge aufzureiben, war nie ein Weg des Evangeliums. Den Glauben auf qualvoller Unruhe errichten, hieße sein Haus auf Sand bauen.[7]

Hörst du in jedem Augenblick das Wort Jesu Christi: „Meinen Frieden hinterlasse ich euch, meinen Frieden gebe ich euch, euer Herz beunruhige sich nicht und verzage nicht"?[8]

Der Frieden tief im Innern schenkt dir mehr Unbeschwertheit, den Weg neu aufzunehmen, wenn Fehlschläge oder entmutigende Erfahrungen auf dir lasten.

---
[7] Mt 7,26–27
[8] Joh 14,27

Staunen kommt auf, ein Hauch von Poesie, Lebenseinfachheit und – für den, der es fassen kann – eine mystische Sicht des Menschen.

Für dich dieses Gebet des Evangeliums:

„Segne uns, Christus, uns und alle, die du uns anvertraut hast. Bewahre uns im Geist der Seligpreisungen[9]: in der Freude, der Einfachheit, der Barmherzigkeit."

Die Freude
Der Frieden im Herzen ist ein Tragbalken des inneren Lebens, er stärkt für einen Aufstieg zur Freude.

Frieden und Freude sind Perlen des Evangeliums, sie können Abgründe von Angst zuschütten.

Heißt du jeden neuen Tag als ein Heute Gottes willkommen? Kannst du jeder Jahreszeit Aufbrüche voller Poesie abgewinnen, an lichtdurchfluteten Tagen wie in eisigen Winternächten? Wirst du dein schlichtes Zimmer durch Zeichen aufhellen, die einem das Herz aufgehen lassen?

Die Gegenwart des Auferstandenen führt zu unerwartetem Glück, sie zerreißt deine Nächte. „Die Finsternis ist nicht finster für dich, die Nacht leuchtet wie der Tag."[10]

Zur Freiheit bist du gerufen.[11] Deine Vergangenheit ist in Christi Herz versenkt, und deiner Zukunft hat Gott sich schon angenommen.

---

[9] Vgl. Mt 5,3–12
[10] Ps 139,12
[11] Gal 5,13

Fürchte dich nicht vor dem Leiden. In der Tiefe des Abgrunds kann sich Unbeschwertheit in der Gemeinschaft mit Jesus Christus einstellen.

Wenn das Samenkorn nicht stirbt ...[12]

Wage es, dich über alles zu freuen, was Gott in dir und um dich vollbringt. Und alles, wofür du bei dir und bei den anderen schwarz sahst und was dir den Seelenfrieden raubte, löst sich auf.

Würdest du die Gaben des Heiligen Geistes[13] in dir vergessen, gar dein Selbstwertgefühl einbüßen, welche Bodenlosigkeit ... Die Leere ist anziehend, sie fasziniert.

Die Freude bewundert und staunt. Sie braucht dein ganzes Wesen, wenn sie strahlend hervorbrechen soll. Sie liegt in der Lauterkeit stiller Liebe.

Die Osterfreude heilt die verborgene Wunde der Seele. Sie macht nicht hochmütig im Herzen. Sie kommt ohne Lobreden aus. Sie geht geradewegs zu den Pforten des Lichts.

Die Einfachheit

Aus dem Evangelium kennst du den Jugendlichen, der in Gott den Willen seiner Liebe suchte und sich an Christus wandte. Eines Tages richtet Christus an ihn einen Aufruf, der zu den erstaunlichsten im Evangelium gehört: „Eines fehlt dir: Geh und verkaufe, was du hast, gib das Geld den Armen; dann komm und folge mir nach!"[14] Der Jugendliche ging ganz traurig weg.

---

[12] Joh 12,24
[13] 2 Tim 1,6–7
[14] Mt 19,21

Warum entfernte er sich? Weil er viel Besitz hatte. Er wollte Christus nachfolgen und gleichzeitig seinen Reichtum behalten. Er hatte nicht die Freiheit, aus Liebe auch noch seinen Besitz wegzugeben.

Unsere Berufung als Gemeinschaft hält uns an, einzig von unserer Arbeit zu leben und weder Spenden noch Erbschaften noch Geschenke, nicht das Geringste anzunehmen.

Die Kühnheit, sich ohne Furcht vor möglicher Armut keinerlei Kapital zu sichern, verleiht eine unangefochtene Stärke.

Der Geist der Armut besteht nicht darin, sich armselig zu geben, sondern vielmehr alles mit Phantasie so zu gestalten, wie es der schlichten Schönheit der Schöpfung entspricht.

Glücklich, die im Herzen einfach sind, sie werden Gott schauen.[15]

Die stete Vereinfachung deiner Lebensweise führt dich weitab von den gewundenen Wegen, auf denen sich unsere Schritte verlieren.

Einfachheit, die brennender Nächstenliebe entbehrt: Schatten ohne Licht. Würde ein karger Lebensstil zum Sammelbecken für Bitterkeit und zum Vorwand für Verurteilungen – wo bliebe die unbeschwerte Freude am Heute?

Lichtdurchflutete Schneise auf deinem Weg: Wenn in dir die regen Kräfte des Alters auf den Geist des Kindseins treffen, nähert sich deine Seele ungetrübter Freude.

---

[15] Mt 5,3

Die Barmherzigkeit
Würdest du die Barmherzigkeit verlieren, hättest du alles verloren.

Lässt du dich von der Liebe in ihrer Unbedingtheit leiten: Bis zu siebenundsiebzigmal siebenmal, das heißt immer[16], verzeihen?

Leichten Schrittes wirst du eine Entdeckung nach der anderen machen.

Wer selbstvergessen liebt, findet sein Leben von unbeschwerter Schönheit erfüllt. Jede Freundschaft setzt einen inneren Kampf voraus. Und manchmal bringt das Kreuz Licht in die unergründliche Tiefe der Liebe.

Lässt du dich vom Erbarmen des Herzens überwältigen, statt in Ironie abzugleiten oder dich durchsetzen zu wollen, indem du anderen um dich herum ein schlechtes Gewissen machst?

Erkenne in der Lauterkeit solcher Liebe ohne weiteres deine Fehltritte an und halte dich nicht damit auf, den Splitter im Auge deines Bruders zu sehen.[17]

Glücklich die Gemeinschaft, die zu einem Abgrund an Güte wird; sie lässt Christus in unvergleichlicher Weise durchscheinen.

Nahe ist das Vertrauen
Christus, Liebe aller Liebe, hat sich dir eingebrannt. Und wenn die Liebe Verzeihen ist, lebt dein hart geprüftes Herz von neuem auf.

Die Betrachtung seiner Vergebung wird zu einem

---

[16] Mt 18,21–22
[17] Mt 7,3–5

Strahl der Barmherzigkeit in einem ganz einfachen Herzen. Und die Heiligkeit Christi ist nicht länger ein unerreichbares Gut.

Einer ist mitten unter uns, den wir kaum kennen[18]... und ein Lebenshauch kommt auf, der nie verweht ... und dieses wenige genügt uns.

Hab keine Angst, nahe ist das Vertrauen, mit ihm ein Glück.

Quellen, S. 69–75

Eine erste Lebensregel

Mit etwa achtzehn Jahren wurde mir bewusst, dass man, um sich innerlich aufzubauen, einige Bezugspunkte braucht, auf die man sich bis zum Tod stützen kann. Nur wer sich auf einige wesentliche Aussagen des Evangeliums bezieht, kann sich als Christ festigen und zu einer inneren Einheit finden ... Wollte ich ein Wagnis für Gott und für Christus eingehen und keinen bequemen Weg einschlagen, musste ich auf der Hut sein. Nicht alle Abschnitte der Bibel haben dasselbe Gewicht. Die Seligpreisungen hatten für mich von jeher eine besondere Bedeutung. Am Anfang stehen deshalb drei Worte, die den Geist der Seligpreisungen zusammenfassen: Freude, Einfachheit, Barmherzigkeit. Sie rücken das Evangelium ins rechte Licht. Lass in deinem Tag Arbeit und Ruhe vom Wort Gottes ihr Leben empfangen; wahre in allem die innere Stille, um in

---

[18] Joh 1,26

Christus zu bleiben; lass dich durchdringen vom Geist der Seligpreisungen: Freude, Barmherzigkeit, Einfachheit.

Zitiert in: Gründer von Taizé, S. 74–75

Das Lebensengagement

Geliebter Bruder, wonach verlangst du?

Nach der Barmherzigkeit Gottes und der Gemeinschaft meiner Brüder.

Gott vollende in dir, was er begonnen.

Bruder, der du dich der Barmherzigkeit Gottes anvertraust, denk daran, dass Jesus Christus deinem schlichten Glauben zu Hilfe kommt, sich auf dich einlässt und für dich die Verheißung erfüllt:

Jeder, der um Christi und um des Evangeliums willen alles verlassen hat, wird das Hundertfache dafür empfangen: jetzt, in dieser Zeit, wird er Brüder, Schwestern, Mütter und Kinder erhalten, wenn auch unter Verfolgungen, und in der kommenden Welt das ewige Leben.[19]

Dies ist ein Weg entgegen aller menschlichen Vernunft, aber du kannst nur als Glaubender, nicht als Schauender vorankommen[20], allzeit gewiss, dass, wer sein Leben um Christi willen verliert, es wiederfinden wird.[21]

---

[19] Mk 19,29–30 und Lk 18,29–30
[20] 2 Kor 5,7
[21] Mt 16,25

Ziehe von nun an auf den Spuren Christi. Sorge dich nicht um morgen.[22] Suche zuerst das Reich Gottes und seine Gerechtigkeit.[23] Gib dich ganz hin, verschenke dich, und in reichem, vollem, gehäuftem, überfließendem Maß wird man dich beschenken.

Ob du wachst oder schläfst, bei Tag und bei Nacht, keimt und wächst das Verlangen nach Vertrauen zu Gott und zu den Brüdern, und du weißt nicht wie.[24]

Salbe dein Haupt, wasche dein Gesicht, damit nur dein Vater, der im Verborgenen ist, die Absicht deines Herzens erkennt.[25]

Erhalte dich in der Einfachheit und in der Freude, der Freude der Barmherzigen, der Freude brüderlicher Liebe.

Sei wachsam. Musst du einen Bruder zurechtweisen, geschehe es zwischen dir und ihm allein.[26] Bemühe dich um menschliche Gemeinschaft mit deinem Nächsten.

Öffne dich voll Vertrauen. Du sollst wissen, dass ein Bruder beauftragt ist, dir zuzuhören. Verstehe ihn, damit er seinen Dienst mit Freude versieht.[27]

Der Herr Jesus Christus hat dich in seinem Erbarmen und in seiner Liebe zu dir dazu berufen, in der Kirche ein Zeichen brüderlicher Liebe zu sein. Er ruft dich auf, mit deinen Brüdern das Gleichnis des gemeinsamen Lebens zu verwirklichen.

---

[22] Mt 6,34
[23] Mt 6,33
[24] Mk 4,27
[25] Mt 6,16–18
[26] Mt 18,15
[27] Hebr 13,17

Gib es fortan auf zurückzuschauen[28] und, freudig aus unendlicher Dankbarkeit, scheue dich nie, der Morgenröte vorauszueilen[29], um zu loben und zu preisen und zu rühmen Christus, deinen Herrn.

Nimm mich an, Herr, und ich werde leben, und gib, dass ich voll Freude dich erwarte.

Bruder, Christus ist es, dem du jetzt auf den Ruf antwortest, den er an dich richtet.

Willst du aus Liebe zu Christus dich ihm hingeben mit allem, was du bist?

Ich will es.

Willst du von nun an den Ruf Gottes an unsere Communauté erfüllen, in Gemeinschaft mit deinen Brüdern?

Ich will es.

Willst du unter Verzicht auf alles Eigentum mit deinen Brüdern zusammenleben, in materieller und in geistlicher Gütergemeinschaft, in aller Offenheit des Herzens?

Ich will es.

Willst du, um besser verfügbar zu sein für den Dienst mit deinen Brüdern und um dich ungeteilt der Liebe Christi zu schenken, im Zölibat bleiben?

Ich will es.

Willst du, damit wir ein Herz und eine Seele sind und unsere Einheit sich voll verwirklicht, die Entscheidungen der Communauté übernehmen, die durch den Diener der Gemeinschaft zum Ausdruck gebracht wer-

---

[28] Phil 3,13
[29] Ps 119,147

den, und dabei daran denken, dass er in der Communauté lediglich ein armer Diener des Evangeliums ist?

Ich will es.

Willst du stets Christus in deinen Brüdern erkennen und so über sie wachen in guten und schlechten Tagen, im Leiden und in der Freude?

Ich will es.

Daraufhin bist du um Christi und des Evangeliums willen von jetzt an Bruder unserer Communauté.

Quellen, S. 79–82

Mit dem Herzen zuhören

Innere Heilung

Durch sein Verzeihen versenkt Gott unsere Vergangenheit in Christi Herz und lässt die verborgenen Wunden sich schließen.

Wenn wir Gott alles sagen können, was uns im Leben bedrückt und unter der Last einer Verurteilung gefangen hält, hellen sich die dunklen Zonen in uns auf. Wissen, dass Gott zuhört, versteht und verzeiht: Darin liegt eine Quelle des Friedens ... und innere Heilung ist nicht mehr fern.

Innerer Friede, S. 81

Menschen, die zuhören

Seit gut vierzig Jahren sind wir Brüder voll Staunen: Warum kommen Jugendliche nach Taizé, und wie kommt es, dass die Jugendtreffen weiter zunehmen?

Wenn wir auf unserem Hügel die vielen jungen Gesichter sehen, nicht nur aus West- und Osteuropa, sondern mehr und mehr auch von den anderen Erdteilen, begreifen wir, dass sie mit lebensentscheidenden Fragen kommen, unter anderem mit der Frage: Wo findet mein Leben einen Sinn? Und manche fragen sich: Welchen Ruf richtet Gott an mich?

Mit den Menschen, die bei uns zu Gast sind, sei es in Taizé oder in unseren kleinen Fraternitäten mitten unter den Ärmsten in verschiedenen Teilen der Erde oder auch bei Treffen in Großstädten, möchten wir Wege suchen, wie man immer wieder neuen Lebensmut schöpfen und wie man Christus für die anderen leben kann. Wir möchten für sie Menschen sein, die zuhören, und nicht Meister des geistlichen Lebens. Ihnen zuhören, damit sie nicht nur ihre Grenzen, ihre Verletzungen aussprechen, sondern auch ihre Gaben herausfinden und vor allem ahnen können, dass es ein Leben in Gemeinschaft mit Gott, mit Christus und mit dem Heiligen Geist gibt.

Lieben, S. 10

Einfach vertrauen

Gibt es etwas, das das Leben schön macht und wovon man sagen kann, dass es den Menschen aufblühen lässt, zu innerer Freude führt? Ja, das gibt es. Wir nennen es Vertrauen.

Begreifen wir, dass in jedem von uns das Beste durch schlichtes Vertrauen entsteht? Selbst ein Kind bringt es auf.

Jedes Lebensalter aber kennt Leid und Verlassenheit, die der Tod nahe stehender Menschen mit sich bringt. Und in diesen Jahren ist für viele die Zukunft so ungewiss, dass sie den Mut verlieren. Wie kann man solche Sorgen hinter sich lassen?

Die Quelle des Vertrauens liegt in Gott, der Liebe ist.[30] Seine Liebe ist Verzeihen, sie ist inneres Licht.

Wer vertraut, verkennt nicht, dass unzählige Menschen auf der Erde leiden, mit nichts dastehen, keine Arbeit, nicht genug zu essen haben.

---

[30] 1 Joh 4,8

Solche Not stellt uns die Frage: Wie können wir zu den Menschen zählen, die – gestärkt durch ein Leben der Gemeinschaft in Gott – Verantwortung übernehmen und mit anderen Wege suchen, die Erde bewohnbarer zu machen?

Wer tief gehendes Vertrauen hat, geht der Verantwortung nicht aus dem Weg, sondern findet seinen Platz dort, wo die Gesellschaft ins Wanken oder aus den Fugen gerät. Er nimmt Risiken in Kauf und lässt sich auch von Fehlschlägen nicht aufhalten.

Man kann darüber nur staunen: Solches Vertrauen befähigt, mit einer uneigennützigen Liebe zu lieben, die in keiner Weise vereinnahmt.

Überall auf der Erde suchen heute viele Jugendliche Wege, die Risse in der Menschheitsfamilie zu heilen. Ihr Vertrauen kann den Menschen ihrer Umgebung das Leben schön machen. Wissen sie, dass sie Hoffnung ausstrahlen, ohne es selbst zu bemerken?

Brief aus Taizé 1999–2001, S. 1–2

DER AUFERSTANDENE
ERFÜLLT UNSERE NÄCHTE MIT SEINEM LICHT

Lebendiger Gott, auch in unsere inneren Nächten und ohne dass wir schon in Klarheit schauen, gießt du in jedem Menschen deinen Heiligen Geist aus. Er verklärt unsere Besorgnis und Ablehnung in die Fähigkeit, tausendfach neu – wenn es sein muss – den Weg zu beschreiten, auf dem wir unser Leben bis zum Ende gehen.

Die weitreichenden Möglichkeiten von Wissenschaft und Technik, Hungersnöte zu beseitigen und physische Leiden zu lindern, sind allen bekannt. Wissen wir aber zur Genüge, dass diese erheblichen Mittel für sich genommen nicht ausreichen, die Erde bewohnbar zu machen?

Im gegenwärtigen Abschnitt der Geschichte richten wir alle unser Augenmerk auf die Frage: Geht in der neuen Generation etwas vom Sinn für das Geheimnis des Glaubens verloren?

Angesichts der Gegebenheiten in der einzigartigen Gemeinschaft, die die Kirche ist, sind viele Jugendliche nicht in Gegnerschaft, aber wie abwesend und ermüdet. Unser eigene Verklärung hinterfragt aber restlos die Neigung, sich durch bestimmte leidvolle Prüfungen der Kirche und der Menschheitsfamilie lähmen zu lassen, zu erstarren.

Dabei denken wir daran, dass Christus nicht gekommen ist, um eine weitere Religion zu gründen, sondern allen Menschen eine Gemeinschaft in ihm zu eröffnen, die einzigartige Gemeinschaft, die die Kirche ist. Und es stellt sich Erbarmen ein angesichts dessen, was manche durchzumachen haben.

Im Hinblick auf die ökumenische Berufung der Kirche, geht deren Dringlichkeit weit über eine neue Etappe des Ökumenismus hinaus. Werden wir eine entscheidende Stunde verstreichen lassen, die nichts Geringeres erfordert als eine Neugeburt, eine Verklärung der ökumenischen Berufung?

Für jeden von uns eine tief greifende Verklärung! Was heißt das?

Wir bitten Gott nicht um Ekstasen oder Wunder, die uns übersteigen. Das könnte uns nur ablenken.

Paulus spricht mit tiefer Eingebung von der Wirklichkeit des Evangeliums, die die Verklärung ist: „Wenn ich schwach bin, bin ich gestärkt in Gott." Jeder von uns kann durch bestimmte Ereignisse im Leben begreifen, dass keineswegs erlesene Gaben oder bequeme Wege es ermöglichen, in Gott schöpferisch zu sein.

Wir möchten, dass niemals ein Kind oder ein Jugendlicher die Hoffnung verliert, weil man sie gedemütigt hat. Oft genug aber stellen wir fest: Wo wir in unserer Kindheit oder Jugend schlecht behandelt und vielleicht tief gedemütigt wurden, war das Erbarmen Christi immer gegenwärtig, selbst wenn wir es nicht wussten.

Aus solchen leidvollen Prüfungen kann Christus die verwegene Kühnheit entspringen lassen, in Gott schöpferisch zu sein, um des Glaubens willen Wagnisse einzugehen. Und schon erfüllt der Auferstandene unsere inneren Nächte mit seinem milden Licht.

Mit anderen Worten, es gibt eine Wende, wenn nicht gar eine Art Umbruch des Evangeliums: Wir entdecken, dass Christus durch unsere Gebrechlichkeit, unsere Fehlschläge, unsere Ablehnung, ja unsere Ängste hindurchgeht, und gleichzeitig begreifen wir, dass er ihnen etwas von seinem eigenen Gesicht verleiht. Das heißt: Er verklärt sie, er gestaltet unsere Tiefen um. Wenn wir um unsere eigene Begrenztheit, Gebrechlichkeit und Armut wissen, schenkt Gott es uns im Heiligen Geist, neuen Lebensmut zu fassen.

Und was stellen wir bei dieser Verklärung fest? Selbst mit unseren Dornen entzündet Gott ein Feuer, das nie erlischt. Er erfüllt uns mit den Dingen des Evangeliums, die so wesentlich sind, um sich innerlich aufzubauen: Frieden des Herzens, Freude, Einfachheit, Geist der Barmherzigkeit.

Wir wissen nur zu gut, dass sich in uns Sorge, Unruhe, Angst vor Leiden, mit einem Wort: alles breit machen kann, was uns das Herz zuschnürt. Es gibt unter anderem eine kaum merkliche Unruhe, deren Ursachen und Ursprünge uns verborgen bleiben.

Von jeher hat die Kirche durch die Bereitschaft zuzuhören, durch das Sakrament der Versöhnung alles, was nötig ist, damit ungute Selbsterfahrungen uns nicht wanken machen.

„Stets hatte die Kirche das Nötige ..." Diese Worte sind nicht von mir. Vor langer Zeit, als ich noch jung war, unterhielt ich mich mit einem Psychoanalytiker, den ich gut kannte. Ich hatte ihn gefragt, ob er nicht Menschen helfen könnte, die ich ihm anvertraue. Ich dachte vor allem an manche Ordensleute in Krisensituationen, die mich bisweilen in Taizé aufsuchten. Der Psychoanalytiker antwortete mir: „Ich kann zwar einen Menschen analysieren, aber es ist weit schwieriger, ihn in seiner Einheit zusammenzufügen. Die Kirche hingegen hat immer den Dienst des Zuhörens ausgeübt, die Kirche hat viele Männer und Frauen, die, manchmal hochbetagt, die Gabe des Zuhörens, das Charisma der Unterscheidung haben, die Kirche hat auch Pfarrer, sie hat alles, was nötig ist. Schicken sie also nur Leute zu mir, die wirklich krank sind."

Ich habe den Psychoanalytiker nicht wiedergesehen. Vor kurzem schrieb er mir, dass er gerne wieder einmal nach Taizé käme. Ich war damit einverstanden, hatte ihm aber nicht gleich geantwortet, und zwischenzeitlich starb er. Ich hätte ihn gerne wiedergesehen, um ihm zu sagen, wie dankbar ich ihm dafür bin, dass er in der Lage war, seine Grenzen zu sehen, dass er so aufgeschlossen war für den Dienst der Kirche.

Der Dienst des Zuhörens ist auch heute bitter nötig, in einer Zeit, in der der Mensch dermaßen gebrochen ist. Es ist überaus quälend zu sehen, wie innere Unruhe den Menschen vom Vertrauen des Glaubens wegreißen und ihn vergessen lassen kann, dass durch das Gebet Gott, Christus und der Heilige Geist stets in unser Leben eingreifen.

Wenn es inneren Aggressionen gelingt, das Vertrauen des Glaubens gleichsam auszureißen, fragen sich manche: Bin ich vielleicht zum Atheisten geworden, da ich mich nicht mehr auf das Vertrauen des Glaubens stütze?

Nein, niemals! Hier geht es nicht um Atheismus, es geht um blinde Flecken des Unglaubens, weiter nichts.

In jedem Augenblick stellt Christus uns vor eine Wahl. Im inneren Leben gibt es ab einem gewissen Zeitpunkt keinen anderen Ausweg als eine Antwort in Freiheit. Die Antwort liegt darin, sich in Gott zu werfen wie in einen Abgrund. Und bewunderndes Staunen kommt auf. Dieser Abgrund ist Gott. Es ist nicht ein Abgrund voller Dunkel, sondern einer, aus dem die helle Klarheit der Auferstanden strahlt, ein Abgrund des Erbarmens. *Unveröffentlicht*

Den Menschen in seiner Ganzheit begreifen

Öfter als früher fragen mich Jugendliche: Was ist das Stärkste in Ihrem Leben?

Ohne zu zögern erwidere ich: Vor allem das gemeinsame Gebet, und in diesem die langen Zeiten der Stille.

Gleich danach kommt als das Schönste in meinem Leben: einen Menschen im persönlichen Gespräch in seiner Ganzheit zu erkennen, sowohl die innere Dramatik, die sich kaum eingestehen lässt, der aus dauerndem Scheitern oder einem inneren Bruch herrührende Komplex, wie auch die unersetzlichen Gaben, durch die hindurch das Leben in Gott in einem Menschen alles vollbringen kann.

Auch das unaussprechlichste Eingeständnis kann mich an einem Menschen nicht irre machen, vielmehr bemühe ich mich, ihn in seiner Ganzheit zu begreifen, wobei ich mich mehr auf wenige Worte und gewisse Einstellungen stütze als auf lange Formulierungen.

Es genügt nicht, mit einem Menschen nur das zu teilen, was sein Inneres unfrei macht. Man muss auch die besondere Gabe herausfinden, die Gott ihm gegeben hat, den Grundpfeiler seiner ganzen Existenz. Hat man diese Gabe oder diese Gaben einmal ganz ans Licht gebracht, dann stehen alle Wege offen.

Gar nicht weiter eingehen auf die Komplexe, Verwirrungen, Misserfolge, die gegensätzlichen Kräfte, für die sich ihrerseits wieder tausend einander widersprechende Begründungen finden lassen, sondern sobald wie möglich in die wesentliche Phase eintreten, d. h. die einmalige Gabe, die in jedes menschliche Wesen

hineingelegten Talente entdecken, damit sie nicht begraben bleiben, sondern in Gott zur Entfaltung gebracht werden.

Das Schönste in meinem Leben? Ich könnte die Aufzählung unendlich fortsetzen: die seltenen Augenblicke, wo es mir möglich ist, unversehens fortzugehen, auf und davon ..., stundenlang im Gespräch die Straßen einer großen Stadt durchwandern ... Gäste zum Essen empfangen ...

Aufbruch, S. 103–104

Seine Liebe ist Feuer

Jeder Mensch dürstet danach, zu lieben und geliebt zu werden. Aber die Frage bleibt: Warum ist den einen bewusst, dass sie geliebt werden, während andere nichts davon wissen?

Wenn einem jemand zuhört, werden Verletzungen aus der näheren oder ferneren Vergangenheit gelindert. Von hier kann die Heilung der Seele ihren Ausgang nehmen.

Hinhören auf das, was dem anderen bei sich selber wehtut. Zu verstehen versuchen, was er auf dem Herzen hat. Und allmählich lässt sich selbst in einer leidvoll aufgewühlten Erde die Hoffnung auf Gott ausmachen oder wenigstens Hoffnung auf Menschlichkeit.

Wer einen andern begleitet und ihm zuhört, wird bisweilen, von seinem Gegenüber unbemerkt, selbst zum Wesentlichen geführt.

Zuhören, immer wieder zuhören ... Wer sich ein Leben lang in Einfühlung übt, vermag die Menschen, die sich anvertrauen, mit wenigen Worten zu begreifen. Wer auf diese Weise hinhört, kann zu einer umfassenden Sicht des Menschen gelangen, der zugleich Unzulänglichkeiten und Ausstrahlung, Abgründigkeiten und Erfüllung in sich hat.

Vor einigen Jahren setzte ich mich eine Woche lang täglich mit einem jungen italienischen Priester zusammen; in ihm sah ich aus nächster Nähe die Heiligkeit Christi in einem Menschen. Manchmal konnte ich zu ihm nichts anderes sagen als: Weinen sie sich aus. Einmal zog ich ein Taschentuch heraus und reichte es ihm.

Weinen, weil es nicht gelingt, einen Kampf, wie er ihn zu führen hatte, alleine, stumm und schweigsam auszutragen.

Im Zwiegespräch war es möglich anzusprechen, was es für einen Menschen bedeuten kann, im Stich gelassen zu werden. Es gibt schweigsame Menschen, die Gemeinschaft ausstrahlen.

Die Tage vergingen, und das Antlitz Christi zeigte sich in diesem vom Kampf gezeichneten Menschen. Sein tiefer Blick konnte nichts von seinen wiederholten leidvollen Prüfungen verbergen. Dieser Mann erschloss mir eines der größten Geheimnisse: die Hingabe des ganzen Lebens aus Liebe.

Als wir uns nach den vielen Tagen menschlicher Nähe trennten, kniete ich nieder, um seinen Segen zu empfangen.

Lieben, S. 32–34

Dieu de toute miséricorde, tu aimes
et tu cherches chacun de nous avant même
que nous t'ayons aimé.
Aussi y-a-t-il un vif étonnement à découvrir
que tu regardes tout être humain avec une infinie
tendresse et une profonde compassion.

*Gott aller Barmherzigkeit, du liebst und du suchst
jeden von uns, noch bevor wir dich geliebt haben.
Deshalb nehmen wir mit unverhohlenem Staunen wahr,
dass du auf jeden Menschen mit grenzenloser
Zuneigung und tiefem Erbarmen schaust.*

Keine endgültigen Urteile fällen

Welcher Umsicht bedarf es, niemandem ein Etikett an die Stirn zu heften! Es bleibt nicht ohne Folgen, wenn bestimmte Worte wie Ängstlichkeit, Stolz oder Eifersucht fallen. Wie schnell läuft der Mensch Gefahr, Beweise zu suchen, die solche Urteile rechtfertigen. Wer sich vom anderen ein unverrückbares Bild macht, kann bei ihm einen beträchtlichen Teil der inneren Entwicklung zum Stehen bringen.

Innerer Friede, S. 37

Das Leiden des anderen Gott anvertrauen

Erbarmen und Liebe zeigen, heißt nicht erleiden, worunter der andere leidet, bis man selbst verzweifelt und schließlich gemeinsam ins Unglück stürzt. Wer voll Erbarmen liebt, vertraut das Leiden des anderen Gott an, auch da, wo er weder Lösung noch Antwort hat.

Ungeahnte Freude. Brief aus Taizé 1998, S. 2

Das Unerwartete geschieht

In jedem Menschen findet sich ein Stück Einsamkeit, das keine menschliche Nähe auszufüllen vermag.

Und dennoch bist du nie allein. Lass dich ausloten bis in dein innerstes Sein[31], und du wirst sehen, dass in

---

[31] Röm 8,27

der Tiefe deines Wesens, dort wo kein Mensch dem anderen gleicht, Christus dich erwartet. Und das Unerwartete geschieht.

Christus ist nicht gekommen, „um aufzuheben, sondern um zu erfüllen".[32] Wenn du in der Stille deines Herzens lauschst, begreifst du, dass er die menschliche Kreatur nicht demütigt, sondern auch noch das Beunruhigendste in dir verklärt.

Sollte dir unbehaglich werden, sobald du dich selbst entdeckst? Aber wer könnte dich verurteilen, wenn Jesus für dich betet?[33] Wolltest du dich für alles anklagen, was dich umtreibt – deine Tage und Nächte reichen nicht aus.

Stellen sich Anfechtungen ein oder trifft dich Unverständnis von seiten anderer, so vergiss nicht, dass aus derselben Wunde, in die die Unruhe eindringt, auch schöpferische Lebenskräfte erwachsen. Und es öffnet sich ein Durchlass, der vom Zweifel zum Vertrauen, von Fruchtlosigkeit zu schöpferischer Entfaltung führt.

Quellen, S. 14

---

[32] Mt 5,17
[33] Röm 8,34

Erstaunte Freude

Sechs Jahrhunderte vor der Ankunft Christi forderte Gott auf: „Denkt nicht mehr an das, was früher war; auf das, was vergangen ist, sollt ihr nicht achten. Seht her, nun mache ich etwas Neues. Schon kommt es zum Vorschein, merkt ihr es nicht?"[34]

Erstaunte Freude! Der Heilige Geist will uns zu Menschen machen, die klar sind wie der Himmel im Frühjahr.

Das Evangelium birgt eine so deutliche Hoffnung, einen so eindringlichen Aufruf zur Freude, dass wir bis zur äußersten Hingabe gehen möchten, um sie in nah und fern weiterzugeben.

Wo liegt die Quelle der Hoffnung und der Freude? Sie ist in Gott, der uns unablässig sucht und in uns die tiefe Schönheit der menschlichen Seele findet.

Erstaunte Freude. Brief aus Taizé 2000, S. 4

---

[34] Jes 43,18–19

An den Quellen des Vertrauens

Schlichtes Verlangen nach Gott

Tief im Menschen liegt die Erwartung einer Gegenwart, das stille Verlangen nach einer Gemeinschaft.

Regen sich Zweifel? Das Verlangen nach Gott erlischt deshalb nicht. Vier Jahrhunderte nach Christus schrieb ein Glaubender – Augustinus – voll Gewissheit: „Wenn dich danach verlangt, Gott zu schauen, hast du bereits den Glauben."

Zunächst kommt es nicht auf umfangreiches Wissen an. Es hat seinen Wert. Aber der Mensch beginnt das Geheimnis des Glaubens zuerst mit dem Herzen, tief im Innern zu erfassen. Und allmählich wächst inneres Leben.

Es zeigt sich, dass der Glaube, das Vertrauen auf Gott, etwas ganz Einfaches ist, so einfach, dass alle ihn annehmen können. Er ist wie ein tausendfach erneuerter Schritt, ein Leben lang, bis zum letzten Atemzug.

Vertrauen, S. 6

Wer ist Christus Jesus?

Wer ist er, jener Christus Jesus, von dem das Evangelium spricht?

Vor dem Anbeginn des Alls, seit aller Ewigkeit, war Christus schon in Gott.[35]

Als Geringer ist er unter die Menschen gekommen.

Hätte Jesus nicht mitten unter uns gelebt, wäre Gott

---

[35] Vgl. Joh 1,1–2

weit weg, gar unerreichbar. Durch sein Leben hat Jesus aber durchscheinen lassen, wer Gott ist.[36]

Und heute lebt Christus als Auferstandener durch den Heiligen Geist in jedem von uns.[37]

Lieben, S. 19

Gebet, Quelle der Liebe

Dimitrù Staniloae, ein Bukarester orthodoxer Theologe, der einige Zeit aus politischen Gründen im Gefängnis war, schreibt: „Ich suchte Gott in den Menschen meines Dorfes, dann in den Büchern und in den Begriffen. Aber ich fand dabei weder Frieden noch Liebe. Eines Tages entdeckte ich beim Lesen der Kirchenväter, dass es möglich ist, Gott im Gebet wirklich zu begegnen. Allmählich begriff ich, dass Gott nahe war, dass er mich liebte, und dass sich mein Herz, von seiner Liebe ergriffen, für die anderen öffnete. Ich begriff, dass die Liebe Gemeinschaft mit Gott und mit den anderen ist."

Erstaunte Freude. Brief aus Taizé 2000, S. 1

---

[36] Vgl. Joh 14,9
[37] Vgl. Joh 14,16–20

Eine innere Stimme

Beim Gebet verlangt Gott weder außergewöhnliche Leistungen noch übermenschliche Anstrengungen. In der Geschichte der Christen haben viele Gläubige mit einem wortarmen Gebet aus den Quellen des Glaubens gelebt.

Stehst du der Wirklichkeit des Gebets hilflos gegenüber, scheint sie dich auf den ersten Blick zu überfordern? Das gab es schon am Anfang der Kirche. Der Apostel Paulus schrieb: „Wir wissen nicht, wie wir beten sollen ...", und fuhr fort: „Aber der Heilige Geist kommt uns in unserer Unfähigkeit zu Hilfe und betet in uns." Du kannst es dir kaum vorstellen, aber sein Geist wirkt fortwährend in dir.

Du möchtest gern die Gegenwart Gottes spüren und hast den Eindruck, er sei fern. Vor siebenhundert Jahren erinnerte ein Christ, Meister Eckehart, daran: „Sich Gott zuwenden ... bedeutet nicht, ständig an Gott zu denken. Es ist dem Menschen von Natur aus unmöglich, immer in Gedanken bei Gott zu sein, im Übrigen wäre das gar nicht das Beste. Der Mensch kann sich nicht mit einem Gott zufrieden geben, an den er denkt. Sonst würde sich mit dem Gedanken, der verfliegt, auch Gott verflüchtigen ... Gott ist jenseits der Gedanken des Menschen. Und die Wirklichkeit Gottes vergeht nie."

Ein einfaches Gebet, ein schwaches Seufzen zum Beispiel, ein Kindergebet, hält uns wach. Hat Gott nicht den Kleinen, den Armen Christi geoffenbart, was die Mächtigen der Welt nur mühevoll begreifen?

Gebet, S. 46–47

Der Glaube ist etwas Einfaches

Der Glaube ist etwas Einfaches, für einen Unwissenden, der weder lesen noch schreiben kann, wie für einen Hochgebildeten. Der russische Schriftsteller Tolstoi erzählt, dass er eines Tages auf einem Spaziergang einem Bauern begegnete und sich zwischen ihnen ein Gespräch entspann. Der Bauer sagte zu Tolstoi: „Ich lebe für Gott." Er vermochte den Grund seiner Seele in vier Worte zu kleiden. Da sagte sich Tolstoi: „Ich habe so viel Wissen, eine so hohe Bildung, und es gelingt mir nicht, dieselben Worte zu sagen wie dieser Bauer."

Vertrauen auf Gott lässt sich nicht durch hart vorgebrachte Argumente vermitteln, die quälende Unruhe, ja Angst hervorrufen, weil sie um jeden Preis überzeugen wollen. Einen Ruf des Evangeliums nimmt man zu allererst mit dem Herzen, mit den inneren Tiefen auf.

Lieben, S. 22

Frieden im Herzen

Die menschliche Sprache eignet sich wenig dafür, Gott zu sagen, was zutiefst in uns vorgeht. An manchen Tagen beten wir mit fast nichts. Christus mit leeren Händen nahe sein, heißt schon beten. Er versteht unsere Worte, er versteht auch unser Schweigen. Und das Schweigen ist manchmal alles im Gebet.

Findest du Wege, den Auferstandenen selbst in der dürstenden Erde deines Leibes und deines Geistes zu empfangen? Das kleinste, ja ganz verborgene Ereignis einer Erwartung bringt Quellen zum Fließen: die Güte des Herzens, die Kraft, über sich selbst hinauszuwachsen, und auch den inneren Einklang, den das Leben des Heiligen Geistes herstellt, der in uns ausgegossen wurde.

Bleibst du dem Auferstandenen nahe, in langen Zeiten der Stille, die zunächst wüst und leer zu sein scheinen? Die Stille scheint unerheblich. Aber in ihr reifen die mutigsten Entscheidungen.

Nicht eine Stille um jeden Preis erwirken, indem man versucht, in sich eine Art innerer Leere hervorzurufen, Vorstellungen und Gedanken zum Schweigen zu bringen. Es ist nutzlos, Methoden anzubieten, um die Stille zu erzwingen. Wer sich bei den Worten ertappt: „Meine Gedanken gehen in die Irre und mein Herz aus den Fugen", erhält im Evangelium die Antwort: „Gott ist größer als dein Herz."

Im Gebet fragst du Christus bisweilen: Was erwartest du von mir? Es kommt der Tag, an dem du begreifst, dass er viel erwartet; er erwartet, dass du für die anderen ein Zeuge gläubigen Vertrauens bist, eine Art Widerschein seiner Gegenwart.

Mach dir keine Sorgen, dass du nicht weißt, wie du beten sollst. Sich in quälender Sorge aufzureiben war nie ein Weg des Evangeliums. „Niemand kann durch Sorgen seinem Leben auch nur einen Tag hinzufügen … Meinen Frieden gebe ich euch … Dein Herz beunruhige sich nicht und verzage nicht."

Angst und Sorge hängen mit unserem Menschsein zusammen, mit dem wir in verwundete, erschütterte Gesellschaften eingebunden sind. In solchen Gesellschaften lebt, arbeitet und leidet jeder Mensch, jeder Glaubende, und kann die Neigung verspüren, sich aufzulehnen, manchmal zu hassen und sich andere gefügig zu machen.

Wenn du betest, können zwischen Gott und dir innere Nebelschwaden aufziehen. Sie haben Namen: Auflehnung, Unbefriedigtsein, Verlust des Selbstwertgefühls, das Gefühl, unwürdig zu sein, kein Verzeihen zu finden. Viele subjektive Eindrücke können eine Art Sperre aufrichten.

Seufzen und dich fragen, wie du seine Gegenwart vergessen konntest? Nein. Überlass dich lieber ganz dem Vertrauen. In jedem Lebensalter kannst du ihm kindlich sagen, was dich gefangen hält und verwundet, was die Menschen belastet, die du liebst. Lass ihn den Weg frei räumen. Und du begreifst, dass der Auferstandene dich überall begleitet, auf der Straße und bei der Arbeit, wo du auf der Erde auch sein magst.

Durch seinen Heiligen Geist verklärt er selbst das Verwirrendste in dir. Er erreicht das Unerreichbare. Was du an dir schwarz siehst, löst sich auf; du kannst die dunklen Gespinste verjagen.

Die Verklärung des Menschen, unmerkliche innere Veränderung, vollzieht sich das ganze Leben hindurch. Sie macht aus jedem Tag ein Heute Gottes. Sie ist Beginn der Auferstehung schon auf der Erde, Anfang eines Lebens, das kein Ende kennt.

Staunen einer Liebe ohne Anfang noch Ende ... Du überraschst dich bei den Worten:

Jesus, der Auferstandene, war in mir, und dennoch spürte ich nichts von ihm. So oft suchte ich ihn anderswo. Solange ich vor den Quellen floh, die er in die Tiefe meines Wesens gelegt hat, eilte ich umsonst quer über die Erde, zog ich vergeblich in weite Fernen – ich verrannte mich in Sackgassen. Die Freude in Gott blieb unauffindbar.

Aber dann kam die Zeit, in der ich entdeckte, dass Christus mich niemals verlassen hatte. Ich wagte es noch nicht, mich an ihn zu wenden, aber er verstand mich bereits, er sprach schon zu mir. Die Taufe war das Merkmal seiner unsichtbaren Gegenwart. Als sich der Schleier des Zweifels hob, kam das Vertrauen des Glaubens und erhellte selbst noch meine Nacht.

Gebet, S. 52–55

ENTDECKEN, DASS CHRISTUS NAHE IST

Mit zwei Brüdern war ich einmal während der Adventszeit in Äthiopien. An Weihnachten fuhren wir in ein Dorf von Leprakranken. Eine Frau, Adjebush, erzählte uns, was sie durchgemacht hatte. Als die Lepra ausbrach, verließ sie ihr Mann. Ihre vier Söhne waren im Krieg; einer von ihnen fiel, von den anderen hatte sie keine Nachricht. Ihre kleine Tochter schlief neben ihr. Es lag ihr sehr daran, die Kleine mit dem Glauben vertraut zu machen. Da Adjebush an beiden Beinen amputiert war, konnte sie nicht einmal mehr betteln gehen.

Auf einmal kam ihr etwas Unerwartetes über die Lippen. Sie sagte: „Ich weine innere Tränen und manchmal äußere Tränen, aber ich weiß, dass Christus da ist, dass er aufrecht neben mir steht." Und sie begann Gott mit erhobenen Händen zu lobpreisen, wie es der koptisch-orthodoxen Überlieferung entspricht.

Wir fragten uns: Woher nimmt sie solches Vertrauen? Es wurde uns klar, dass sie es aus der Quelle des Gebets schöpfte. Sie hatte in sich ein starkes inneres Leben wachsen lassen, sie hatte den Weg eingeschlagen, in tiefer Gemeinschaft mit Christus zu leben. Adjebush begriff, dass ihr Leiden nicht von Gott kam. Sie wusste, dass nicht Gott der Urheber ihres Unglücks und ihrer Not war.

Sie setzte das Gebet fort und begann unseren Besuch bei ihr zu beschreiben; die Worte wurden auf ihren Lippen wie zum Choral. Sie sagte zu Gott: „Heute ist Weihnachtstag, und sie sind gekommen und haben mich besucht; heute ist Weihnachten, und sie sind nicht zu Hause geblieben, sondern hierher gekommen."

Staunend gestanden wir uns ein, dass wir gerade bei den Ärmsten oft ein einzigartiges Licht des Evangeliums wahrnehmen. Wir alle möchten Christus so nahe sein wie diese schlichte orthodoxe Äthiopierin. Und wie sie möchten wir alle in der Einfachheit des Herzens entdecken, dass Christus da ist, dass er uns nahe ist.[38]

Lieben, S. 60–61

Das Evangelium lesen

Beim Aufschlagen des Evangeliums kann einem der Gedanke kommen: Die Worte Jesu gleichen einem uralten Brief, der mir in einer unbekannten Sprache geschrieben wurde. Da Christus, jemand, der mich liebt, ihn

---

[38] Vgl. Mt 28,20b

an mich richtet, versuche ich, den Sinn zu verstehen, und ich werde das Wenige, das ich begreife, in die Tat umsetzen ...

Wer im Herzen einfach ist, steht dazu, dass er nicht alles vom Evangelium begreift. Er kann sich sagen: Was ich in der einzigartigen Gemeinschaft der Kirche nicht erfasse, begreifen andere, und sie leben es. Ich stütze mich nicht nur auf meinen eigenen Glauben, sondern auf den Glauben der Christen aller Zeiten, der Menschen, die mir vorausgegangen sind, seit den Aposteln und der Jungfrau Maria bis heute, und ich finde mich Tag für Tag bereit, dem Geheimnis des Glaubens Vertrauen zu schenken.

Einführung in das Neue Testament.
In Taizé ausgewählte Texte (unübersetzt), S. 5–6

Vom Zweifel zu schlichtem Vertrauen

Wir sind in einer Welt, in der es gleichzeitig Licht und Dunkel gibt.[39] Schleicht sich ein Zweifel in unser Sehnen nach Licht? Dostojewski, ein gläubiger Russe, ließ sich davon nicht beunruhigen und schrieb: „Ich bin ein Kind des Zweifels und des Unglaubens. Welch schreckliches Leiden kostete und kostet mich der Durst nach Glauben, der in meiner Seele umso stärker wird, je mehr in mir die Einwände dagegen wachsen ... Durch das Fegefeuer des Zweifels ist mein Hosanna gegangen."[40]

---

[39] vgl. Joh 1,4–5 und Joh 8,12
[40] Carnets de notes, zitiert in: Pierre Pascal, Dostoïevski, l'homme

Und dennoch konnte Dostojewski fortfahren: „Es gibt nichts Schöneres, nichts Tieferes, nichts Vollkommeneres als Christus, und nicht nur, dass es nichts anderes gibt, es kann auch nichts geben."[41]

Dieser Mann Gottes gibt zu verstehen, dass der Nichtglaubende in ihm neben dem Glaubenden steht; seine leidenschaftliche Liebe zu Christus beeinträchtigt das nicht.

Glücklich, wer auf dem Weg vom Zweifel zum ungetrübten, schlichten Vertrauen auf Gott ist! Wie sich der Nebel am Morgen auflöst, werden auch die Nächte der Seele hell. Kein trügerisches, sondern ein unverstelltes Vertrauen, das dazu drängt, hier und jetzt zu handeln, zu verstehen und zu lieben.

Vor Jahren wohnten wir zu einigen Brüdern eine Zeit lang in einem Elendsviertel von Kalkutta. An einigen Nachmittagen bat mich Mutter Teresa, sie in die Sterbehäuser zu begleiten und Leprakranke zu besuchen, die nur noch auf den Tod warteten. An den Vormittagen pflegten ein Bruder, der Arzt ist, und ich schwer kranke Kinder. Eine solche Erfahrung prägt für das ganze Leben. Es kam vor, dass Kinder in unseren Armen starben.

Vom ersten Tag an kümmerte ich mich um ein vierjähriges Mädchen, dessen Mutter kurz nach der Geburt gestorben war. Man wies mich darauf hin, dass es viel-

---

et l'œuvre, L'Âge d'Homme 1970, S. 361 (Übersetzung); „Hosanna" ist ein hebräischer Ausruf der Dankbarkeit und des Gotteslobs

[41] Briefe, Bd. 1, An Natalja D. Fonwisina, Insel, Leipzig 1984, S. 112

leicht nur noch kurze Zeit zu leben hatte. Mutter Teresa legte es mir in den Arm und bat mich eindringlich, es nach Taizé mitzunehmen und dort behandeln zu lassen. Ich sagte mir: Was wird aus dem Kind, wenn es bemerkt, wie sehr ich mir Sorgen mache, weil sein Tod nicht auszuschließen ist?

Aber dann sagte ich mir: Lass deine Sorgen sich verwandeln in Vertrauen aus Glauben. Vertraue das Kind Gott an, solange es lebt. Wenn es an deinem Herzen ruht, hat es in seinem sehr kurzen Leben wenigstens das Glück des Vertrauens empfunden.

Bei der Ankunft in Taizé versammelten sich die Brüder in meinem Zimmer, um das Kind zu sehen. Ich legte die Kleine, die Marie genannt wurde, auf mein Bett, und dort brabbelte es zum ersten Mal wie ein glückliches Baby.

Es blieb am Leben und wuchs im Haus meiner Schwester Geneviève auf. Heute ist es erwachsen. Ich bin ihr Pate und liebe sie wie ein Vater.

Lieben, S. 85–86

Ganz einfaches Gebet

Die Wirklichkeiten des Evangeliums können dich mit Hilfe einfacher, ständig wiederholter Gesänge durchdringen: „Jesus Christus, inneres Licht, gib, dass ich deine Liebe empfange." Sie klingen bei der Arbeit wie in der Freizeit in dir weiter.

Manchmal ist das Gebet ein innerer Kampf, manchmal vollkommene Selbsthingabe. In bestimmten Au-

genblicken wird es wie zu einem unbeschwerten Ausruhen bei Gott in der Stille. Das mag einer der Höhepunkte des Gebets sein.

Gebet, S. 48

GOTT WILL, DASS WIR GLÜCKLICH SIND

Wer sich entschlossen Christus überlassen und ihm das ganze Leben geben will, steht vor einer Wahl, hat eine Entscheidung zu treffen. Welche? Die Entscheidung, sich von grenzenloser Dankbarkeit Gott gegenüber erfüllen zu lassen.

Diese Dankbarkeit ist eine Grundhaltung. Sie ist stille Freude, die der Heilige Geist stets neu in uns entfacht. Sie ist Geist des Lobpreises. Sie möchte die Menschen und ihre Erwartungen in hoffnungsvollem Licht sehen.

Gott will, dass wir glücklich sind ... Es ist an uns, die Wirklichkeiten des Evangeliums zu ahnen, die das Leben schön machen: das Vertrauen, den Geist des Lobpreises, das Überströmen des Herzens, eine in jedem Augenblick erneuerte Freude ...[42]

Im Neuen Testament versichert uns der Apostel Petrus: „Ihr habt Christus nicht gesehen, und dennoch liebt ihr ihn; ihr seht ihn auch jetzt nicht; aber ihr glaubt an ihn und jubelt in einer unsagbaren Freude, die euch schon verklärt."[43]

---

[42] Der Heilige Geist hält in uns eine Freude wach, die auch Jesus auf der Erde gekannt hat: „Jesus rief, vom Heiligen Geist erfüllt, voll Freude aus ..." (Lukas 10,21).

[43] 1 Petrus 1,8. Dieser Text des Neuen Testaments wird seit zwei-

Wenn Unschlüssigkeit wie Nebel aufsteigt, überraschen wir uns bei den Worten: Wir lieben dich, Christus, vielleicht nicht so, wie wir möchten, aber wir lieben dich. Und das Klarste in unserem Leben entsteht durch schlichtes Vertrauen auf dich.

Brief aus Taizé 1999–2001, S. 3–4

Der Heilige Geist, Beistand und Tröster

Wäre Christus nicht auferstanden und hätte er nicht seinen Heiligen Geist gesandt, wäre er uns nicht nahe. Er bliebe eine der bemerkenswerten Gestalten in der Geschichte der Menschheit. Aber es wäre nicht möglich, mit ihm Zwiesprache zu halten. Wir würden es nicht wagen, ihn anzurufen: Jesus Christus, in jedem Augenblick stütze ich mich auf dich; selbst wenn es mir nicht gelingt zu beten, bist du mein Gebet.

Bevor Christus die Jünger verließ, sicherte er ihnen zu, dass er ihnen den Heiligen Geist als Beistand und Tröster senden wird.[44] Daran können wir erkennen: Wie Christus auf der Erde bei den Seinen war, ist er

---

tausend Jahren gelesen. Durch den Heiligen Geist nimmt es Christus in uns sogar mit den widersprüchlichsten Kräften auf, über die der Wille wenig Macht hat. Er legt in uns einen Widerschein seines Angesichts und „verklärt", was uns an uns selbst Sorgen macht. Es liegt bei jedem, sich Christus zu überlassen, „bis das Morgenlicht erscheint und der Tag in unserem Herzen anbricht" (2 Petrus 1,19). In unmerklichen Veränderungen vollzieht sich die „Verklärung" des Menschen ein Leben lang.

[44] vgl. Joh 14,16–20

Esprit saint, à nous des pauvres de l'Évangile
tu as confié un mystère d'espérance.
- même quand nous l'ignorons, il est là
et soutient notre confiance.

Heiliger Geist, uns Armen des Evangeliums hast du ein Geheimnis der Hoffnung anvertraut. Selbst wenn wir es verkennen, ist es da und stärkt unser Vertrauen.

durch den Heiligen Geist heute in gleicher Weise allen Menschen nahe.

Er ist immer geheimnisvoll gegenwärtig, greifbarer für den einen, verborgener für den anderen. Es ist, als könnten wir ihn sagen hören: „Weißt du nicht, dass ich dir nahe bin und durch den Heiligen Geist in dir lebe? Ich werde nie von dir gehen."[45]

Diese geheimnisvolle Nähe ist für unsere Augen unsichtbar. Für alle bleibt der Glaube schlichtes Vertrauen auf Christus und den Heiligen Geist.

Lieben, S. 21

CHRISTUS IST MIT JEDEM MENSCHEN VEREINT

Beim Zweiten Vatikanischen Konzil trat von neuem eine klare Einsicht des Evangeliums hervor; sie war lange Zeit unter dem Staub der Jahre verborgen geblieben: „Christus hat sich mit ausnahmslos jedem Menschen vereint ..." Später fügte Papst Johannes Paul II. hinzu: „Selbst wenn dieser sich dessen nicht bewusst ist."

Jedes Jahr möchte ich bei der Privataudienz das Herz Papst Johannes Pauls II. erfreuen, indem ich ihm eine Hoffnung nenne, auf die er uns aufmerksam gemacht hat. Ich sagte ihm einmal, wie sehr seine ergreifende Eingebung – Christus ist mit ausnahmslos jedem Menschen vereint, selbst wenn dieser sich dessen nicht bewusst ist – ein lauteres Verständnis des Glaubens auf der Erde erschließen kann.

---

[45] vgl. Mt 28,20

Unzählige Menschen wissen nicht, dass Christus mit ihnen vereint ist, kennen seinen Blick nicht, der voll Liebe auf ihrem Leben ruht. Sie sind bar jedes Wissens von Gott, kennen nicht einmal seinen Namen. Dennoch bleibt Gott mit jedem in Gemeinschaft.

Lieben, S. 19–20

Sich über jeden Augenblick freuen

Einer der ältesten Brüder in der Communauté pflegt in aller Einfachheit zu sagen: „Ich freue mich über jeden Augenblick, den ich lebe." Er macht wie jeder Mensch leidvolle Erfahrungen. Wie kann er sich an jedem Augenblick freuen? Er weiß, was es bedeutet, ausdauernd und treu die Berufung zu leben. Er vermag das Wesentliche im Blick zu behalten und jederzeit darauf zurückzukommen. So bleibt die Freude erhalten. Er weiß auch, wie viel auf dem Weg der Berufung ein kurzes Gebet zählt, das man oft bei sich sagen kann. Seit langen Jahren betet er mit den Worten: „Jesus, meine Freude, meine Hoffnung, mein Leben."

Vom Zweifel zu ungetrübter Gemeinschaft.
Brief aus Taizé 1997, S. 2

Eine Liebe, die alles Erkennen übersteigt

Sei nicht erstaunt, wenn das Wesentliche deinen Augen verborgen bleibt. So wächst die Sehnsucht nur noch mehr, dem Auferstandenen entgegenzugehen.

Im Laufe der Zeit ahnst du die Tiefe, die Weite einer Liebe, die alles Erkennen übersteigt.[46] Bis ans Ende deines Lebens schöpfst du daraus bewunderndes Staunen und auch die Kühnheit, neu anzufangen.

Quellen, S. 13

---

[46] Eph 3,18–19

Liebe und sag es durch dein Leben

Ein Weg der Versöhnung

Ein Mann namens Nikodemus suchte Jesus des Nachts auf. Er erfuhr von ihm, dass niemand schauen kann, was von Gott ist, ohne „von neuem geboren" zu werden.[47] Versöhnung und Verzeihen gehören zu den lauteren Quellen einer Neugeburt.

Wer aus ganzer Kraft Versöhnung sucht, entdeckt, dass es dabei ein Vorher und ein Nachher gibt.

Es gibt ein Vorher bei Menschen, die nach allzu vielen Demütigungen denken: Es gelingt mir nicht, zu verzeihen und mich zu versöhnen. Eines Tages aber fragen sie sich: Wie kann ich etwas von Christus widerstrahlen, wenn ich mich weigere zu verzeihen?[48] Erwacht die Sehnsucht nach Versöhnung, möchten sie die andern weit mehr verstehen als durch Argumente überzeugen.

Und es gibt ein Nachher, wenn sie sich versöhnt haben und eine Neugeburt erleben. Und Gott heilt die verborgene Wunde der Seele.

Wenn wir uns in Verzeihen hüllen lassen wie in ein Gewand, ahnen wir, wie sich in uns etwas verklärt, erahnen wir ungetrübte Gemeinschaft.

Wenn die Liebe, die versöhnt, in uns brennt ...

Wenn das herzliche Erbarmen aller Dinge Anfang ist ...

---

[47] Vgl. Joh 3,1–8
[48] Wenn Schüchternheit einen daran hindert, um Verzeihung zu bitten, warum nicht eine ganz einfache Geste wagen, die ohne Worte auskommt: die Hand hinhalten, damit der andere auf sie das Zeichen des Verzeihens, das Kreuzzeichen macht?

... wird, auch ohne unser Wissen, das Evangelium unsere Umgebung mit seinem Licht erhellen ...[49]

... und das Wort leuchtet ein: „Liebe und sag es durch dein Leben!"[50]

Vom Zweifel zu ungetrübter Gemeinschaft.
Brief aus Taizé 1997, S. 3–4

SOLIDARISCH LEBEN

Wie nie zuvor ergeht heute der Ruf, Wege des Vertrauens bis in die Nächte der Menschheit zu bahnen. Vernehmen wir ihn?

Es gibt Leute, die durch ihre Hingabe bezeugen, dass der Mensch nicht verurteilt ist zu verzweifeln. Gehören wir zu ihnen?

Ein Notschrei kommt aus den Tiefen der Völker: Den Opfern ständig wachsender Armut beizustehen. Der Frieden auf der Erde hängt wesentlich davon ab.

Das Ungleichgewicht zwischen dem Reichtum, den einige Menschen anhäufen, und der Armut breiter Schichten ist eine der schwerwiegendsten Fragen unse-

---

[49] Wer etwas von Christus weitergeben will, sucht sich niemals aufzudrängen. Das Evangelium ist kein Schraubstock, in den sich das Gewissen anderer einspannen lässt. Ein Glaubender in Bangladesh sagte mit Blick auf die Menschen in seiner Umgebung, die nichts von Christus wissen: „Es wärmt, wenn man an einem Feuer steht. Mag sein, dass das Feuer der Liebe Gottes, wenn es in uns ist, auf die Menschen in unserer Nähe abstrahlt, und wir es nicht einmal vermuten."

[50] Nach Augustinus, 4. Jh.

rer Zeit. Werden wir nichts unversucht lassen, damit die Weltwirtschaft zu Lösungen kommt?

Weder Unglück noch die Armut in ihrer Ungerechtigkeit kommen von Gott. Gott kann nur seine Liebe schenken.

Groß ist das Staunen, wenn man entdeckt, dass Gott auf jeden Menschen mit unendlicher Zuneigung und tiefem Erbarmen schaut.

Wenn wir begreifen, dass Gott uns liebt und dass er auch den verlassensten Menschen liebt, öffnet sich unser Herz für die anderen, werden wir feinfühliger für die Würde der menschlichen Person und fragen uns: Wie können wir auf der Erde Wege des Vertrauens bahnen?

Sind wir bei allem Unvermögen nicht gerufen, durch unser Leben ein Geheimnis der Hoffnung weiterzugeben?

Liebe und sag es durch dein Leben.
Brief aus Taizé 2002, S. 1–2

Das Leid der Kleinsten lindern

1945 baute hier in der Gegend ein junger Mann einen Verein auf, der sich um Kinder kümmerte, die ihre Familie im Krieg verloren hatten. Er ersuchte uns, eine bestimmte Zahl von ihnen in Taizé aufzunehmen. Eine Gemeinschaft von Männern konnte aber keine Kinder betreuen. Deshalb rief ich meine Schwester Geneviève an und bat sie, erneut eine Zeit lang zu kommen: Die Kinder brauchten eine Mutter. Durch und durch Künstlerin, bereitete sie sich gerade auf die Prüfung als Klaviervirtuosin vor. Dennoch sagte sie ohne Zögern zu. Allmählich wurde ihr deutlich, dass sie die Kinder nie mehr verlassen könnte, dass sie ihnen ihr Leben widmen sollte. Zunächst waren es drei; im Laufe der Monate wurden es an die zwanzig. Sie zog mit ihnen in ein altes Haus im Dorf.

Ein Leben lang wohnte sie nun in dem alten Haus mit Kindern zusammen, die bei ihr blieben, bis sie erwachsen waren. Sie hat sie bis heute immer wieder mit Kindern und Kindeskindern zu Gast. Später nahm sie auch Marie zu sich, ein vier Monate altes Mädchen, das mir Mutter Teresa in Kalkutta anvertraut hatte, damit es behandelt werden konnte. Es wuchs bei ihr auf.

Die langjährige Treue meiner Schwester Geneviève hat mir die Augen dafür geöffnet, dass sie in erster Linie durch ihre Herzensgüte in der Lage war, die vielen Ereignisse durchzustehen. Die Güte des Herzens setzt unschätzbare Kräfte frei.

Lieben, S. 64–65

Lieben und verzeihen

Das Gebet ist ein Schatz des Evangeliums, es bahnt einen Weg, zu lieben und zu verzeihen.

Das Verzeihen kann unser Herz und unser Leben ändern: Strenges Auftreten, hartes Urteilen verschwinden und lassen der Güte und herzlicher Zuwendung Raum. Und auf einmal liegt uns mehr daran zu verstehen, als verstanden zu werden.

Wer aus dem Verzeihen lebt, kann durch verhärtete Verhältnisse gehen, wie Schmelzwasser sich im ersten Frühling den Weg durch noch gefrorene Erde bahnt.

Mögen wir noch so wenig dafür gerüstet sein: Es ist heute dringend nötig, für Verständigung zu sorgen, wo Menschen gegeneinander stehen. Manche Erinnerungen aus der Vergangenheit genügen, um die Entfremdung zwischen Einzelnen wie zwischen Nationen aufrechtzuerhalten.

Nichts ist hartnäckiger als die Erinnerung an Verletzungen und Demütigungen.[51] Wer unermüdlich Verzeihen und Versöhnung sucht, ermöglicht eine ungeahnte Zukunft.

Und was auf den Einzelnen zutrifft, gilt auch im Geheimnis der Gemeinschaft, das der Leib Christi ist, seine Kirche.

Erstaunte Freude. Brief aus Taizé 2000, S. 2–3

Ein Mann mit Namen Johannes

In der Mitte des 20. Jahrhunderts erschien ein Mann mit Namen Johannes, der in einer einfachen norditalienischen Bauernfamilie geboren wurde. Als dieser betagte Mann, Johannes XXIII., ein Konzil ankündigte, sprach er Worte von unübertrefflicher Klarheit.

---

[51] „Die schlimme Vergangenheit voller Spaltung und Gewalt wirkt in uns fort und nährt Angst und Hass. Deshalb müssen wir es zulassen, dass Gott die schlimme Vergangenheit auslöscht." (Athenagoras, Patriarch von Konstantinopel)

Diese lichtvollen Worte lauten: „Wir versuchen nicht herauszufinden, wer Unrecht gehabt hat, wir versuchen nicht herauszufinden, wer Recht gehabt hat, wir sagen nur: Versöhnen wir uns!"

Bei der letzten Begegnung mit ihm, kurz vor seinem Tod, waren wir zu dritt, drei Brüder der Communauté. Es wurde uns klar, wie sehr Johannes XXIII. daran gelegen war, dass wir hinsichtlich unserer Berufung gelassen in die Zukunft schauen. Er machte mit den Händen kreisförmige Bewegungen und erläuterte: Die Katholische Kirche besteht aus wachsenden konzentrischen Kreisen. War das Wesentliche nicht schon geschehen, wenn wir nur mit Frieden im Herzen weiterlebten, anstatt uns immer wieder Sorgen zu machen?

Innerer Friede, S. 79–80

Verzeihen, immer wieder verzeihen

Du willst ohne zurückzuschauen Christus nachfolgen – bereitest du dich darauf vor, auch inmitten stärkster Spannungen deinen Weg mit einem versöhnten Herzen zu gehen?

Deine Absichten werden vielleicht entstellt. Verzeih, wenn man dich um Christi willen verleumdet.[52] Du wirst frei sein, unvergleichlich frei.

Verzeihen, immer wieder verzeihen, darin liegt die äußerste Form der Liebe.[53] Du machst dir das letzte

---

[52] Mt 5,11–12
[53] Mt 18,21–22

*Jésus le Christ, même accablé, méprisé,
tu ne menaçais pas, tu pardonnais.
- nous voudrions nous aussi savoir pardonner,
et encore pardonner, trouvant dans le pardon une joie.*

*Jesus Christus, selbst als Niedergemachter,
als Verachteter hast du niemand bedroht, hast du
verziehen. Auch wir möchten fähig werden
zu verzeihen, immer wieder zu verzeihen, und
im Verzeihen Freude finden.*

Gebet Jesu zu Eigen: „Vergib ihnen, sie wissen nicht, was sie tun."[54] Du verzeihst, nicht um den anderen zu ändern, sondern einfach um Christus nachzufolgen.

Betrachte den Nächsten nicht nur in einem Abschnitt seines Lebens, sondern auf dem Hintergrund seines ganzen Lebenswegs.

Suche die Lauterkeit des Herzens. Meide alle Machenschaften. Bediene dich niemals des Gewissens des anderen, indem du seine Unsicherheit als Hebel benützt, um ihn deinen Plänen gefügig zu machen.

Um von der Versuchung befreit zu werden, besinge Christus bis zur ungetrübten Freude.

Zur Freude ruft er dich, nicht zur Trübsal.

In jedem Lebensalter Glaubensmut. Bis in das Grau der Tage seine helle Freude, ja fröhliche Unbekümmertheit. Nicht seufzen, sondern in jedem Augenblick alles auf ihn legen, selbst noch den überbeanspruchten, verbrauchten Leib.

Quellen, S. 27–28

Einfach, nicht naiv

Der Geist des Kindseins, der Geist der Einfachheit, gemäß dem Evangelium hat nichts Naives an sich; Einfachheit geht mit der Gabe der Unterscheidung Hand in Hand. Sie erfordert Reife. Sie ist nicht einfältig, sondern lässt sich von ungetrübter Einsicht leiten.

Innerer Friede, S. 30

---

[54] Lk 23,34

Wege der Hoffnung

Mehrmals wurde ich nach Polen eingeladen, an der Wallfahrt der schlesischen Bergarbeiter in Piekar bei Kattowitz teilzunehmen. Manche haben vier Stunden Fußmarsch hinter sich und stehen nun während eines mehrstündigen Gottesdienstes. Selbst von der höchsten Stelle des Hügels aus ist es unmöglich, die gesamte Menge auf einmal zu überblicken. Ich wurde gebeten, über Maria zu ihnen zu sprechen:

„Niemand von euch polnischen Arbeitern glaubt, er habe Einfluss auf die Entwicklung der Menschheit. Ich möchte euch sagen, dass genau das Gegenteil wahr ist. Nicht die augenscheinlich in den ersten Linien Stehenden bestimmen die Veränderungen der Welt. Seht die Jungfrau Maria! Sie dachte ebenfalls nicht, dass ihr Leben für die Zukunft der Menschheitsfamilie wesentlich wäre. Wie die Mutter Gottes seid ihr die Geringen dieser Welt, die die Wege einer Zukunft für alle bahnen. Euer so treues Erwarten Gottes trägt viele andere Menschen überall auf der Erde voran."

Feuer, S. 15–16

Sich entscheiden zu lieben

Wie der Mandelbaum im ersten Licht des Frühlings Blüten treibt, bringt ein Hauch des Vertrauens die Wüste im Herzen wieder zum Blühen.

Wer möchte, von diesem Hauch erfasst, nicht Leid und Not der Menschen lindern? Stolpern wir auch auf steinigem Pfad – wer möchte in seinem Leben nicht das Wort des Evangeliums verwirklichen: „Was ihr dem geringsten, dem bedürftigsten Menschen tut, das tut ihr mir, Christus"?[55]

Ein Jahrhundert nach Christus schrieb ein Glaubender: „Hülle dich in Freude ... läutere dein Herz von unguter Traurigkeit, und du wirst für Gott leben."[56]

Wer für Gott lebt, entscheidet sich zu lieben. Diese Entscheidung durchzutragen, erfordert Umsicht und Ausdauer.

Ein Herz, das entschlossen ist zu lieben, kann hell leuchten von grenzenloser Güte. Es will Menschen in nah und fern die quälenden Sorgen abnehmen.

Wer für Gott lebt, erkennt: Mit dem Vertrauen, das man Christus und dem Heiligen Geist schenkt, steht das ganze Leben auf dem Spiel.

Mag innerer Nebel uns manchmal vom Vertrauen des Glaubens abschweifen lassen, Christus verlässt uns deshalb nicht. Niemand ist von seiner Liebe und von seinem Verzeihen ausgeschlossen.[57]

Wenn sich in uns Entmutigung, gar Zweifel breit machen, liebt er uns nicht weniger. Er ist da. Er erhellt unseren Weg ... Und unablässig lässt sich sein Ruf vernehmen: „Komm und folge mir nach!"[58]

Im Zwiegespräch mit einem Jugendlichen kommt so oft die Frage: Wie kann ich ganz ich selber sein, wie kann ich mich verwirklichen? Manche quält diese

---

[55] Vgl. Mt 25,40
[56] Der Hirt des Hermas, Gebot 42,1.4, (2. Jh.)
[57] Vgl. 1 Tim 19,21
[58] Mk 10,21

Frage bis zur Angst. Ich entsinne mich der Überlegung eines Bruders: „Christus sagt nicht zu mir: Sei du selber, sondern: Sei mit mir. Christus sagt zu uns nicht: Suche dich selbst, sondern: Folge mir nach!"

Lieben, S. 39–40

Ein und dieselbe Quelle

Je mehr du aus dem Gebet Kraft und Ideen schöpfst, desto mehr entdeckst du, dass du zusammen mit anderen etwas zustande bringen kannst. Ahnst du es? Kampf und Kontemplation haben ein und dieselbe Quelle: Wenn du betest, geschieht es aus Liebe; wenn du kämpfst, wenn du Verantwortung übernimmst, damit die Erde bewohnbarer wird, geschieht auch das aus Liebe.

Vertrauen, S. 20

Die Versöhnung duldet keinen Aufschub

Meine Großmutter mütterlicherseits war eine mutige Frau. Während des Ersten Weltkriegs kämpften ihre drei Söhne an der Front. Sie lebte als Witwe im äußersten Norden Frankreichs. Unter dem Feuer der Bombenangriffe wollte sie ihr Haus nicht verlassen, um Fliehende bei sich aufzunehmen, alte Leute, Kinder, hochschwangere Frauen. Erst in allerletzter Minute, als alle fliehen mussten, ging auch sie. Sie fuhr in die Dordogne.

Sie war von dem tiefen Verlangen erfüllt, dass nie mehr jemand das durchleben müsse, was sie erlebt hatte. Die gespaltenen Christen töteten einander in Europa. Wenigstens sie sollten sich versöhnen, um zu versuchen, einen neuen Krieg zu verhindern.

Sie stammte aus einer alten evangelischen Familie: Im Geburtshaus meiner Mutter zeigte man noch das verborgene Zimmer, in dem man früher, zu Zeiten der Verfolgung, den Pfarrer versteckte. Um in sich selbst unverzüglich eine Versöhnung zu vollziehen, besuchte sie eine katholische Kirche. Es war, als hätte sie geahnt, dass die Eucharistie in der katholischen Kirche eine Quelle der Einmütigkeit im Glauben ist.

Es war das Wunder ihres Lebens, dass sie, als sie in sich selbst die Glaubensströmung ihres Ursprungs mit dem katholischen Glauben versöhnte, Wege fand, in den Augen ihrer Familie kein Zeichen der Ableugnung zu sein.

Etwa ein Jahr später traf sie bei meinen Eltern ein. Übermüdet und erschöpft verlor sie beim Betreten des Hauses das Bewusstsein. Man trug sie in einer roten Decke weg. Ich sehe diese Szene vor mir, als wäre sie eben erst geschehen.

Ich erlitt einen starken Schock; etwas Unwiderrufliches vollzog sich. Ihre beiden Gesten, leidgeprüfte Menschen aufzunehmen und zu einer Versöhnung im eigenen Innern zu gelangen, haben mich später für das ganze Leben geprägt.

Alle Mütter oder Großmütter können sich freuen. Treue hinterlässt manchmal Spuren, deren Folgen sie zu Lebzeiten nicht in ihrem ganzen Ausmaß sehen werden.

Blühen, S. 59–60

In Gemeinschaft leben

Ist uns beim Eintritt ins dritte Jahrtausend deutlich genug, dass Christus vor zweitausend Jahren nicht auf die Erde gekommen ist, um eine weitere Religion zu stiften, sondern um jedem Menschen Gemeinschaft mit Gott anzubieten?

Im zweiten Jahrtausend haben sich viele Christen voneinander getrennt. Werden wir ab sofort, ja, ohne Aufschub, gleich zu Beginn des dritten Jahrtausends alles daran setzen, in Gemeinschaft zu leben und Frieden auf der Welt zu stiften?

Wenn sich die Christen schlichte Einfachheit und unendliche Herzensgüte bewahren, wenn ihnen daran liegt, die tiefe Schönheit der menschlichen Seele zu entdecken, tun sich ihnen Wege auf, in Christus miteinander in Gemeinschaft zu sein und überall auf der Erde Menschen zu werden, die den Frieden suchen.

Ist uns bewusst, dass „jeder in der Gemeinschaft Christi ist, der sich als Getaufter innerlich darauf einstellt, dem Geheimnis des Glaubens Vertrauen zu schenken"?

Wir haben Gemeinschaft miteinander, wenn wir lieben und geliebt werden, verzeihen und Verzeihen empfangen.

Wenn diese Gemeinschaft, die die Kirche ist, zur Klarheit findet, indem sie zu lieben und zu verzeihen sucht, lässt sie Wirklichkeiten des Evangeliums in frühlingshafter Frische durchscheinen. Treten wir bald in einen Frühling der Kirche ein?

Uns Arme des Evangeliums ruft Christus auf, Hoffnung auf Gemeinschaft und Frieden am Leben zu erhalten, so dass sie sich um uns herum verbreiten kann. Dies vermag selbst der Einfachste der Einfachen.

Ahnst du ein Glück? Brief aus Taizé 2001, S. 4

CHRISTUS BIS ZUR UNBESCHWERTEN FREUDE BESINGEN

Christus mit entschlossenem Herzen nachfolgen heißt nicht, ein Feuerwerk abbrennen, das hell aufleuchtet und dann erlischt. Es heißt, sich auf einen Weg des Vertrauens begeben, der ein ganzes Leben andauern kann.

Dieses Vertrauen bleibt immer schlicht. Verkommt der Glaube zu geistlicher Überheblichkeit, führt er nirgendwohin.

Quälende, von frischen oder fernen Erinnerungen geweckte Sorgen können den Hauch des Vertrauens aufhalten. Das Evangelium legt uns nahe, nicht zurückzuschauen[59], nicht bei den Misserfolgen zu verweilen.

Ausufernde Selbstgespräche können uns belasten und vom Vertrauen des Herzens abbringen. Kühn wagen wir zu Christus zu sagen: „Inneres Licht, lass nicht zu, dass mein Dunkel zu mir spricht!"[60]

Die Freude des Evangeliums, der Geist des Lobpreises, setzt stets eine innere Entscheidung voraus.

---

[59] Vgl. Lukas 9,62
[60] Augustinus, Bekenntnisse XII, 10

Es wagen, Christus bis zu ungetrübter Freude zu besingen ...[61], nicht irgendeiner Freude, sondern der Freude, die geradewegs den Quellen des Evangeliums entspringt.

Lieben, S. 41

---

[61] Vgl. Philipper 4,6f und Epheser 5,19

Christus kommt und erhellt unsere Nacht

Erkennst du den Weg der Hoffnung?

Gibt es im Evangelium Dinge, die das Leben schön machen? Ja, es gibt sie. Zu ihnen gehört die Hoffnung. Mit ihr kann man Entmutigungen hinter sich lassen, gar den Geschmack am Leben wiederfinden.

Wo liegt ihre Quelle? Sie liegt in der Kühnheit eines Lebens der Gemeinschaft in Gott. Aber wie ist solche Gemeinschaft möglich? Gott hat uns als Erster geliebt.[62] Gott sucht uns unablässig, selbst wenn wir uns dessen nicht bewusst sind.[63]

Vertrauen, Hoffnung und Herzensfrieden entspringen einer geheimnisvollen Gegenwart, der Gegenwart Christi. Durch den Heiligen Geist bleibt er von Herzen demütig in jedem Menschen. Ruhig lässt sich seine Stimme vernehmen: Erkennst du den Weg der Hoffnung, der dir offen steht?

Wie sollte es einen da nicht drängen, zu Christus zu sagen: Ich möchte dir ein Leben lang auf diesem Weg nachfolgen, aber kennst du meine Unzulänglichkeit? Durch das Evangelium antwortet er: „Ich kenne deine Bedrängnis und deine Armut ... Du meinst, dass du nichts oder fast nichts hast, um ein Leben lang die Treue zu halten. Und doch bist du erfüllt. Wovon erfüllt? Von der Gegenwart des Heiligen Geistes. Sein Erbarmen leuchtet bis in die Schatten deiner Seele."[64]

Lieben, S. 12–13

---

[62] Vgl. 1 Joh 4,10.19
[63] Vgl. Lk 15,4–10
[64] Vgl. Offb 2,9

Ahnst du ein Glück?

Wäre uns bewusst, dass ein glückliches Leben möglich ist, selbst in den dunklen Stunden ...[65]

Es macht ein Leben glücklich, wenn man sich immer mehr auf die Einfachheit einlässt: Einfachheit im Herzen und in der Lebensgestaltung.

Damit ein Leben schön wird, muss man nicht außergewöhnlich fähig sein, muss einem nicht alles leicht von der Hand gehen: Glücklich, wer es versteht, sich selbst schlicht hinzugeben.

Geht die Einfachheit mit der Güte des Herzens[66] einher, kann selbst ein ganz mitteloser Mensch um sich herum einen Raum der Hoffnung schaffen.

Ja, Gott will, dass wir glücklich sind![67] Aber er lädt uns ein, nie untätig zu bleiben, nie dem Leiden anderer gleichgültig gegenüberzustehen.[68] Ganz im Gegenteil:

---

[65] Zu den ersten Worten Jesu Christi auf der Erde gehören: „Glücklich, die im Herzen einfach sind ..., glücklich die Weinenden, sie werden getröstet werden ..., glücklich die Barmherzigen, sie werden Erbarmen finden ..." (Mt 5,1–12); siehe auch Dt 4,40

[66] Vereinfachen heißt nie, einer unerbittlichen, hart urteilenden Strenge das Wort zu reden. Der Geist der Einfachheit zeigt sich in der Güte des Herzens.

[67] Der Schriftsteller Dostojewski, ein orthodoxer Christ, schreibt: „Ich weiß, dass die Menschen glücklich sein können, ohne die Fähigkeit einzubüßen, auf der Erde zu leben. Ich will und kann nicht glauben, dass das Böse der Normalfall des Menschseins ist" (Aus: „Tagebuch eines Schriftstellers").

[68] Der Philosoph Paul Ricœur, ein reformierter Christ, schreibt: „Ich habe keine Antwort für jene, die sagen: Es gibt zu viel Böses auf der Erde, als dass ich an Gott glauben könnte. Gott will

Gott legt uns nahe, schöpferisch zu handeln, und auch in Augenblicken leidvoller Prüfung nicht untätig zu werden.

Unser Leben unterliegt nicht den Zufällen eines dumpfen Schicksals. Durchaus nicht! Unser Leben erhält einen Sinn, wenn es zuallererst lebendige Antwort auf einen Ruf Gottes ist.

Ahnst du ein Glück? Brief aus Taizé 2001, S. 1

GOTTES RUF

Wie kann man aber einen solchen Ruf erkennen und herausfinden, was er von uns erwartet?

Gott erwartet, dass wir ein Widerschein seiner Gegenwart sind, eine Hoffnung aus dem Evangelium weitertragen.[69]

Es gibt Menschen, die – zunächst vielleicht nur undeutlich – erkennen, dass der Ruf, den Gott an sie richtet, eine Berufung für das ganze Leben ist.[70]

Der Heilige Geist hat die Kraft, ein lebenslanges Ja zu festigen. Hat er den Menschen nicht schon mit Sehnsucht nach Ewigkeit und Unendlichkeit erfüllt?

---

nicht unser Leid. Gott wird vom All-Mächtigen zum ‚All-Liebenden'. Die einzige Macht Gottes ist die entwaffnete Liebe. Gott hat keine andere Macht als die Macht zu lieben und uns, wenn wir leiden, ein hilfreiches Wort zu senden. Unsere Schwierigkeit besteht darin, es hören zu können."

[69] Es ist möglich, Gott insbesondere durch das Leben von Menschen zu entdecken, die, oft ohne es zu wissen, ein Widerschein Gottes unter den Menschen sind.

[70] Manche haben diesen Ruf schon in der Kindheit vernommen.

In ihm ist es in jedem Lebensalter möglich, neuen Lebensmut zu finden und sich zu sagen: „Fass dir ein Herz[71] und geh deinen Weg!"

Und schon bewirkt der Heilige Geist mit seiner geheimnisvollen Gegenwart einen Wandel in unserem Herzen, bei den einen im Nu, unmerklich bei anderen. Was dunkel oder gar beunruhigend war, vermag sich aufzuhellen.

Bis ans Lebensende kann ein Ja voll Vertrauen helle Klarheit bringen.

Wir sind aufgerufen, uns selbst zu geben, nur liegt uns die Hingabe nicht sehr. Christus versteht unsere inneren Widerstände. Indem wir sie überwinden, geben wir ihm einen Beweis unserer Liebe.

Ahnst du ein Glück? Brief aus Taizé 2001, S. 2

WENIGE EINFACHE WORTE

Wer sich mit Leib und Geist Gott überlassen will, lässt sich innerlich von wenigen, ganz einfachen Worten des Evangeliums aufbauen. Sie hatten in einem bestimmten Augenblick an den Grund der Seele gerührt. Warum diese Kerngedanken nicht aufschreiben, so dass die Worte jederzeit vergegenwärtigt werden können?

Gründlich durchdacht, ohne Hast ausgearbeitet, langsam gereift, oft unter Kämpfen gestaltet, kann einen eine solche Kurzfassung ein Leben lang weiterbringen.

Nicht eine Vielzahl von Worten, sondern einige we-

---

[71] Sir 2,2

sentliche Werte des Evangeliums, bündig und unverstellt, so dass man unablässig auf sie zurückkommen kann. Geraten sie vorübergehend in Vergessenheit? Sie können jederzeit wieder aufgegriffen werden, sobald sie ins Bewusstsein zurückkehren.

Son amour est un feu (unübersetzt), S. 22–23

Gott kann nur seine Liebe schenken

Jesus Christus ist nicht auf die Erde gekommen, um die Welt zu richten, sondern damit durch ihn jeder Mensch gerettet, versöhnt wird. Sechs Jahrhunderte nach Christus schrieb ein christlicher Denker, Isaak von Ninive: „Gott kann nur seine Liebe schenken."

Gott quält das Gewissen des Menschen nicht. Er versenkt unsere Vergangenheit in Christi Herz. Er webt unser Leben wie ein schönes Gewand mit dem wärmenden Garn des Erbarmens.

Wer in Gemeinschaft mit ihm lebt, wird sich in seinem Namen dafür einsetzen, dass die Not unschuldiger Menschen und das Leiden überall auf der Erde gelindert werden.

Wenn wir den Bedrängten beistehen, begegnen wir dem auferstandenen Christus. Er selbst hat gesagt: „Was ihr für einen meiner geringsten Brüder tut, das tut ihr mir."[72]

Vertrauen, S. 10

---

[72] Mt 25,40

Sich von Gott lieben lassen

Seit langen Jahren leben einige Brüder in Bangladesh, wo sie die Lebensverhältnisse der Ärmsten teilen. Einer von ihnen schreibt mir: „Unser Leben steht im Zeichen der Verheerungen, die ein Wirbelsturm und Überschwemmungen angerichtet haben. Manche unserer Nachbarn fragen sich: Warum all das Unglück? Haben wir so schwer gesündigt?"

Oft erfüllt das Herz des Menschen eine geheime Angst: Gott wird mich bestrafen. Als mein Patenkind Marie-Sonaly fünf Jahre alt war, kam es eines Tages tränenüberströmt zu mir. Seine Pflegemutter lag im Krankenhaus, und die Kleine sagte: „Meine Mama ist krank, und ich bin daran schuld, ich habe sie zu fest umarmt." Woher kommt das Schuldgefühl, schon in der frühen Kindheit?

Die Annahme, Gott würde den Menschen bestrafen, ist eines der größten Glaubenshindernisse. Wenn Gott als tyrannischer Richter gesehen wird, ruft Johannes mit flammenden Buchstaben in Erinnerung: „Gott ist Liebe. Nicht wir haben ihn, sondern er hat uns zuerst geliebt. Lieben wir, weil er uns zuerst geliebt hat."

Alles beginnt damit, dass wir uns von Gott lieben lassen. Aber das ist nicht so einfach ... Wie kommt es, dass es manchen Christen so schwer fällt zu glauben, dass sie geliebt sind? Sie sagen sich: Gott verzeiht den anderen, aber nicht mir. Der Taumel eines unbegreiflichen Schuldgefühls ergreift sie, und sie möchten darangehen, sich selbst zu verzeihen. Da es ihnen nicht gelingt, versuchen sie die drückende Last dadurch abzuschütteln, dass sie andere beschuldigen, dass sie zu der grausamen Waffe greifen, bei anderen Schuldgefühle zu wecken und nagendes Misstrauen zu säen.

Müsste man Gott aus Frucht vor Strafe lieben – es hieße, ihn nicht mehr lieben. Christus will nicht, dass wir von Schuldgefühlen betrunken, sondern von Verzeihen und Vertrauen erfüllt sind.

Menschen sind manchmal streng. Gott kommt und hüllt uns in Erbarmen. Niemals, nie und nimmer, quält Gott das Gewissen des Menschen. Er webt unser Leben wie ein schönes Gewand mit den Fäden seines Verzeihens. Er versenkt unsere Vergangenheit in Christi Herz und hat sich unserer Zukunft schon angenommen. Die Gewissheit der Vergebung ist die unerhörteste, undenkbarste, weitreichendste Wirklichkeit des Evangeliums. Sie macht unvergleichlich frei.

Gott liebt dich, bevor du ihn liebst. Du meinst, ihn nicht zu erwarten, und er erwartet dich. Du sagst: Ich bin nicht würdig, und er steckt dir den Ring des Festes, den Ring des verlorenen Sohnes an den Finger. Darin liegt der Umbruch des Evangeliums.

Wir alle sind Verlorene! Wendest du dich von ganz unten, aus deiner Knechtschaft ihm zu, liegt keine Bitterkeit mehr auf deinem Gesicht. Sein Verzeihen wird dir zum Lied. Die Betrachtung seiner Vergebung wird zu einem Strahl der Güte in einem ganz einfachen Herzen, das sich führen lässt durch seinen Geist.

Gebet, S. 37–39

In Gott gibt es keine Gewalt

Angesichts offener Gewalt oder innerer Qual stellt sich eine schwerwiegende Frage: Wenn Gott Liebe ist – woher kommt das Böse?

Kein Mensch kann erklären, warum es das Böse gibt. Im Evangelium macht sich Christus das unbegreifliche Leiden Unschuldiger zu Eigen, beweint er den Tod von Menschen, die er liebt.[73]

Ist Christus nicht auf die Erde gekommen, damit sich jeder Mensch geliebt weiß?[74]

Was helfen quälende Sorgen in Zeiten, in denen wir fast nichts von der Nähe Gottes spüren?

Sich einfach danach sehnen, seine Liebe zu empfangen – und allmählich entzündet sich tief in uns eine Flamme.

Staunen und lieben, S. 1

Freuen soll sich, wer im Herzen einfach ist

Vor bald dreitausend Jahren zieht der Prophet Elija eines Tages in die Wüste, um Gott zu lauschen. Ein Orkan bricht los, dann ein Erdbeben und ein ungestümes Feuer. Aber Elija begreift, dass Gott nicht diesen Entfesselungen der Natur innewohnt. Gott setzt sich nicht mit

---

[73] Joh 11,35–36
[74] „In Gott gibt es keine Gewaltsamkeit. Gott hat Christus nicht gesandt, um uns anzuklagen, sondern um uns zu sich zu rufen, nicht um uns zu richten, sondern weil er uns liebt" (Brief an Diognet, zweites Jahrhundert nach Christus).

Gewaltmitteln durch, die Angst machen. Gott ist niemals der Urheber von Erdbeben oder Krieg. Als überall Ruhe eintritt, hört Elija Gott wie im Flüstern eines leichten Windhauchs. Etwas Ergreifendes offenbart sich ihm: die Stimme Gottes lässt sich in einem Stillehauch vernehmen.

In Kalkutta war ich einmal mit Mutter Teresa in einer Leprastation. Ich sah, wie ein Leprakranker seine dürren Arme hochhob und zu singen begann: „Gott hat mir keine Strafe auferlegt; ich preise ihn, denn meine Krankheit ist zu einem Besuch Gottes geworden." In seinem Unglück hatte auch dieser Mann die Eingebung, dass das Leiden nicht von Gott kommt.

Gott ist nicht der Urheber des Bösen. Aber er hat sich auf ein ungeheures Wagnis eingelassen. Er wollte uns als seine Mitschöpfer. Er wollte den Menschen nicht als beliebig bedienbaren Automaten, sondern frei, persönlich über den Sinn seines Lebens zu entscheiden, frei, zu lieben oder nicht.

Gott sieht dem Unglück eines Menschen aber niemals unbewegt zu. Als Auferstandener begleitet er jeden in seinem Leiden, so sehr, dass es einen Schmerz Gottes, einen Schmerz Christi gibt. Und er schenkt es uns, in seinem Namen die Not von Menschen zu teilen, die durch unbegreifliche Bedrängnis gehen, er bewegt uns dazu, das Leiden unschuldiger Menschen zu lindern.

Das Elend der Menschen kommt nicht von Gott. Manche Menschen stellen aber nachträglich fest, dass sie durch eine leidvolle Prüfung gleichsam geläutert wurden. Dies kann nur begreifen, wer eine gewisse

Reife erlangt hat und durch innere Wüsten gegangen ist. Ich möchte dazu gerne ein Beispiel erzählen:

Im Februar 1991 war ich auf den Philippinen, zu einem Jugendtreffen, das die Brüder mehrere Monate lang vorbereitet hatten. Ich besuchte eine betagte Frau, Aurora Aquino. Jahre zuvor musste ihr Sohn Benigno nach siebenjähriger Gefangenschaft ins politische Exil gehen. Als er in sein Land zurückkehren konnte, wurde er beim Verlassen des Flugzeugs erschossen. Damals war mir in einer Zeitung ein Foto von Aurora Aquino aufgefallen. Sie hatte das Gesicht einer von Erbarmen durchdrungenen Mutter.

Im Gespräch mit ihr stellte ich fest, dass die Einundachtzigjährige keinerlei Bitterkeit im Herzen trug. Ich war nicht erstaunt, bei ihr eine vollkommene Selbstlosigkeit vorzufinden. Sie gehört zu den betagten Menschen, von denen man sagen kann: Für den, der zu lieben und zu leiden weiß, erfüllt sich das Leben mit ungetrübter Schönheit.

Und du – stehst du unter dem Schock eines unfassbaren Ereignisses, leidest du darunter, dass die Beziehung mit einem nahe stehenden Menschen zerbrochen ist? Oder wirst du verachtet und gedemütigt, werden deine lautersten Absichten entstellt?

Das schlichte Gebet heilt die verborgene Wunde der Seele. Und das Geheimnis des menschlichen Schmerzes verklärt sich. Der Geist des lebendigen Gottes weht über allem, was hilflos und zerbrechlich ist. Aus unseren Verwundungen lässt er lebendiges Wasser fließen. Durch ihn wird das Tal der Tränen zum Quellgrund.

Jésus notre espérance, sans avoir encore
la claire vision, et même dans l'obscurité,
tu nous donnes d'avancer par la foi.
Et, sans t'avoir vu, nous t'aimons.

Jesus, unsere Hoffnung, ohne dass wir schon klar sehen, und selbst in der Dunkelheit lässt du uns im Glauben vorankommen. Und ohne dich gesehen zu haben, lieben wir dich.

Freuen soll sich, wer im Herzen einfach ist! Aus dem Frieden des Herzens kann unversehens eine Freude des Evangeliums hervorbrechen. *Gebet, S. 39–41*

ALLMÄHLICH VOLLZIEHT SICH DIE VERKLÄRUNG DES MENSCHEN

Mögen wir uns manchmal wie in einer Nacht befinden, mitten in der Dunkelheit scheint ein Licht. Der Apostel Petrus lädt ein, es zu betrachten, „bis der Morgen anbricht und der Tag aufgeht in unserem Herzen".[75]

Eine Pflanze, die nicht dem Licht zugewandt ist, verkümmert. Könnte ein Glaubender, der bei den Schatten verweilt, in sich das Vertrauen des Herzens wachsen lassen?

Umbruch des Evangeliums in unserem Leben: Durch den Heiligen Geist kommt Christus und durchdringt, was uns an uns selber beunruhigt. Er erreicht das Unerreichbare, so dass auch die Finsternis durch seine Nähe hell erleuchtet werden kann.

Wenn die Nacht undurchdringlich wird, ist seine Liebe ein Feuer.[76] Sie entzündet, was unter der Asche glühte. Christen wie Johannes vom Kreuz und Teresa von Avila haben ziemlich spät ein neues Leben im Glauben begonnen. Sie sprechen von einem Feuer, das oft mit allen Dornen ihrer Vergangenheit entzündet wurde.

Marie Noël, eine vom Glauben durchdrungene fran-

---

[75] 2 Petr 1,19
[76] vgl. Ex 13,21–22

zösische Dichterin, schreibt im selben Tonfall: „Die besten Seelen, die, an denen man sich am meisten laben kann, bestehen aus einigen großen, leuchtenden guten Seiten und aus tausend kleinen, dunklen elenden Seiten, von denen manchmal die guten Seiten zehren, wie der Weizen von der Fäulnis des Bodens lebt."[77]

Nach einem Abendgebet bat mich einmal ein Jugendlicher in einem belgischen Dom voller junger Leute: „Frère Roger, zeigen sie uns den Weg zu Gott!"

Ich antwortete: Ich weiß nicht, ob ich den Weg zu Gott zeigen kann. Betagt wie ich bin, kann ich aber eine persönliche Erfahrung erzählen, die mich für das ganze Leben geprägt hat.

Als Heranwachsender hatte ich Lungentuberkulose und war nach einem schweren Rückfall über Jahre gezwungen, Ruhestunden einzuhalten. Ich hatte Muße zu lesen, mich zu besinnen und herauszufinden, wozu Gott ruft: Zu einer Berufung, die das ganze Leben lang währen kann.

Den Tod vor Augen ahnte ich: Mehr als der Leib hat zunächst das Innerste Heilung nötig. Und die Heilung des Herzens liegt zuallererst im schlichten Vertrauen auf Gott.

Die Jahre der Krankheit ließen mich begreifen, dass die Quelle des Glücks weder in aufsehenerregenden Gaben noch in mühelosem Gelingen liegt, sondern in der schlichten Hingabe, ja, der ganz schlichten Selbsthingabe, um die anderen mit Herzensgüte zu verstehen.

Allmählich verstand ich, dass selbst aus einer beein-

---

[77] Notes intimes, Stock 1984, S. 48 (Übersetzung)

trächtigten Kindheit oder Jugend frische Kräfte erwachsen können. Der Apostel Paulus umschreibt diese Wirklichkeit des Evangeliums mit tiefer Einsicht: „Wenn ich schwach bin, bin ich gestärkt in Gott."[78]

Es kann niemandem daran gelegen sein, dass ein Kind oder ein Jugendlicher die Hoffnung verliert, weil er gedemütigt wurde. Wo aber ein Mensch in seiner Kindheit oder Jugend aufgrund von Demütigungen in tiefe Not geraten ist, war Christus mit seinem Erbarmen immer nahe.

Aus solchen Anfechtungen kann Christus die ungestüme Kühnheit wecken, in Gott Neues zu schaffen, Wagnisse im Glauben einzugehen. Er kommt und durchmisst Unzulänglichkeiten, Fehlschläge, innere Nächte. Er ändert sie, er gestaltet sie um, ein Leben lang.

In unmerklichen inneren Schritten vollzieht sich allmählich die Verklärung des Menschen. Sie ist schon auf der Erde der Anfang eines Lebens, das kein Ende kennt.

Wenn uns Unzulänglichkeiten oder Minderwertigkeitsgefühle zusetzen, erfahren wir überrascht, dass Christus uns neuen Lebensmut schenkt.

Papst Johannes XXIII., betagt und mit Anfechtungen vertraut, sagte manchmal: „Ich bin wie ein Vogel, der in einem Dornbusch singt."[79] Auch wir möchten Freude ausstrahlen, trotz unserer Dornen. Nicht irgendeine Freude, sondern die Freude zu wissen, dass Christus jeden Menschen wie seinen einzigen liebt.[80]

---

[78] 2 Kor 12,10
[79] Geistliches Tagebuch, Herder 1964, S. 242
[80] vgl. Gal 2,20b

Gott schenkt es uns, aus ihm geboren und wiedergeboren zu werden, wenn wir sein Vertrauen und sein Verzeihen in uns aufnehmen. Lassen wir uns in sein Verzeihen hüllen wie in ein Gewand, ahnen wir etwas Helles und Klares in unserer Nacht.   *Lieben, S. 53–55*

Ein Zeichen, dass du ihm begegnet bist

Du möchtest dem Auferstandenen nachfolgen – an welchen Zeichen kannst du erkennen, dass du ihm begegnet bist? Wenn die inneren Kämpfe dich auf dem Weg zu ihm nicht verhärten, sondern zu den Quellen seiner Liebe führen. Dank dieser inneren Umwälzung stehen die Vorstellung, unnütz zu sein, die Einsamkeit, alles, was die Fasern der Seele brechen kann, nicht länger im Weg. Es kommt zu einem Durchbruch, der immer von der Sorge zum Gottvertrauen führt.

Innerer Friede, S. 114

„Suche und du wirst finden"

Gelegentlich mag es scheinen, als würde Gott sich entfernen. Manche Menschen verwirrt der Eindruck, Gott würde mit einem Mal schweigen. Sollte das Vertrauen des Glaubens darin bestehen, auch dann ein Ja zur Liebe Gottes zu sagen, wenn in uns solch tiefes Schweigen herrscht?[81] Der Glaube ist wie ein Schritt

---

[81] vgl. Ps 42,4.6

des Vertrauens, den man im Lauf des Lebens tausendfach tut.

Denken wir daran: Nicht unser Glaube erschafft Gott und ebensowenig können unsere Zweifel ihn ins Nichts verstoßen. Auch wenn wir keinen Widerhall spüren – die geheimnisvolle Gegenwart Christi entzieht sich uns nie.[82] Wir können den Eindruck gewinnen, er sei nicht da, davor steht aber das Staunen über seine fortwährende Nähe.

Wenn es den Sorgen gelingt, uns vom Vertrauen des Glaubens abzubringen, fragen sich manche: Gebärde ich mich nun wie ein Ungläubiger? Nein, es ist ein blinder Fleck Ungläubigkeit, nichts weiter.

Das Evangelium lädt uns ein, Christus stets neu unser Vertrauen zu schenken und in ihm zu einem kontemplativen Leben zu finden.[83] Und Christus sagt zu jedem von uns ein Wort aus dem Evangelium: „Suche, suche und du wirst finden."[84]

Glücklich, wer vom Zweifel zum schlichten Vertrauen geht! Als meine Mutter sehr betagt war, sagte sie zu mir eines Tages über ihre eigene Mutter: „Du weißt vielleicht nicht, dass es deiner Großmutter, die wir so tief liebten und bewunderten, schwer fiel zu glauben." Ich antwortete ihr: „Ich weiß es und liebe sie dafür noch mehr."

Meine Großmutter hat Schlimmes durchgemacht. Ihre drei Brüder starben an Tuberkulose, ihr Vater ebenfalls. Später fand einer ihrer Söhne den Tod. Sie versah

---

[82] vgl. Mt 28,20
[83] vgl. Joh 14,23
[84] Mt 7,7

ihre Bibel mit Anmerkungen. Ich entdeckte darin, dass sie zu Gott gebetet hatte: „Ich bin keine Kämpfernatur ... Ich zweifle ... Hilf mir!" Und die Worte: „Herr, wir sind unfähig, diesen Kampf zu führen, dies ist aber ein Grund, dich nicht zu verlassen, bei dir zu bleiben."

Ich kann sagen, dass mein Glaube in meiner Jugend zu einem bestimmten Zeitpunkt heftig erschüttert wurde. Ich zog nicht eigentlich in Zweifel, dass es Gott gibt. Ich zweifelte vielmehr an der Möglichkeit, in Gemeinschaft mit ihm zu leben. Ich wollte vollkommen redlich sein, und wagte es manchmal nicht einmal mehr zu beten. Wer beten will, dachte ich, muss Gott erkannt haben.

Als Jugendlicher schlug ich eines Tages ein altes Buch auf und stieß auf ein paar Zeilen auf Altfranzösisch. Der Verfasser schrieb, man könne Gott zwar nicht mitteilen, aber Christus habe ihn uns zu erkennen gegeben: „Christus ist der Widerschein Gottes." Das habe ich nicht vergessen. Christus ist es, der uns begreifen lässt, dass Gott uns liebt.[85]

Im Sommer 1937 erkrankte eine meiner sieben Schwestern, Lily, schwer. Als Kind hatte ich sie meine Gedichte aufschreiben lassen und ich hing sehr an ihr. Sie war Mutter von fünf Kindern. Ich erkannte, dass ihr Tod bevorstand. Da kam mir ein Gebet in den Sinn, Worte aus einem Psalm: „Mein Herz denkt an dein Wort: Suche mein Angesicht. Dein Angesicht, Gott, will ich suchen."[86] Diese Worte schienen mir ehrlich zu sein. Ich konnte niederknien und das Gebet sprechen. Ich be-

---

[85] Joh 17,26
[86] Ps 27,8

griff, dass der Glaube in mir war und dass er nichts anderes sein konnte als schlichtes Vertrauen auf Gott.

Lieben, S. 87–89

Licht in der Nacht

Manchmal frage ich mich, warum das Vertrauen auf Christus, das unsere Nacht hell macht, für mich so wesentlich ist. Dann kommt mir zu Bewusstsein, dass dies von einer Erfahrung aus der Kindheit herrührt.

Während der Zeit vor Weihnachten pflegte ich lange vor einer Krippe zu verweilen; ich betrachtete die Jungfrau Maria und das Neugeborene zu ihren Füßen. Ein so schlichtes Bild prägt sich für das Leben ein. Eines Tages führt es zur Erkenntnis, dass Gott selbst durch Christus in unsere Mitte gekommen ist.

Am Heiligen Abend gingen wir in die Kirche. Als ich fünf oder sechs Jahre alt war, wohnten wir in einem Bergdorf und mussten durch den Schnee laufen. Weil ich der Jüngste war, hielt mich mein Vater an der Hand. Meine Mutter, mein Bruder und meine sieben Schwestern gingen hinter uns. Mein Vater zeigte mir am klaren Himmel den Stern, den schon die Weisen gesehen hatten.

Jene Augenblicke kommen mir in den Sinn, wenn ich lese, was der Apostel Petrus schreibt: „Schaut auf Christus, wie ein Stern, der in der Nacht scheint, bis die Morgenröte aufgeht und der Tag anbricht in euren Herzen."[87]

Lieben, S. 23–24

---

[87] 2 Petr 1,19

Tagebuchaufzeichnungen

5. August 1969
Nacht der Verklärung Christi. Fest der heutigen Zeit. Dieses Jahrhundert hat im Menschen Tiefen entdeckt, die so weit reichen, dass er in sich die Erfahrungsbreiten der ganzen Menschheit von ihrem Entstehen bis auf unsere Tage wiederfindet. Doch den Unermesslichkeiten, die dem Menschen zugrunde liegen, bietet sich eine Umgestaltung, eine Verklärung an.

1. Februar 1970
Den ganzen Tag über, wo ich auch bin und mit wem ich auch spreche, finde ich Wege, um zu sehen, was sich am Himmel abspielt. So viel schöpferische Fülle in ständiger Entfaltung, so viele von glänzenden Grautönen aufgehoben. Goldtöne rufen in mir Beschwingtheit hervor; und ich trage ohne Mühe die Last der Widersprüche.

Fest

15. Mai 1970
Gleich beim ersten Erwachen interessiert mich der Himmel. Ist er verhangen, ist er klar? Viele Menschen, die auf dem Land geboren sind, haben ein solch starkes Interesse. Rasch stehe ich auf, um zu sehen, wie das Wetter ist. Ein leichter Regen hat die Erde aufgeweicht. Die Bäume auf der Terrasse glänzen im niedergehenden Regen. Der Zitronenstrauch trägt Knospen, die schon fast aufspringen. Obwohl die Wolken tief hängen – die Erde jubelt.

26. Juni 1970
Heute Nachmittag hat ein junger Mann aus unserer Gegend, Bernard, in der Kirche von St-Gengoux die Priesterweihe empfangen. Seit Menschengedenken ist dies die erste Priesterweihe in unserer Gegend. Ich denke zurück, wie mich der Priester dieses Dorfes vor mehr als 30 Jahren aufgenommen hat und mir vom ersten Augenblick an sein Vertrauen schenkte. Damals stand seine Kirche fast leer, alles schien endgültig erloschen zu sein. Auch er half politischen Flüchtlingen. Eine unserer ersten Begegnungen steht mir ganz lebhaft vor Augen. Ich war auf dem Fahrrad zu ihm gefahren, zusammen mit Emmanuel Mounier, der in Taizé zu Besuch war. Wir waren beide gefesselt von der Persönlichkeit dieses Priesters, der verlassen, an einem einsamen Ort lebte und dennoch alles Geschehen aufmerksam verfolgte.

3. Juli 1970
Wir haben eine Gruppe von Ingenieuren zu Tisch geladen, die in Cluny einen Aufbaukurs für Informatik besuchen. Einer von ihnen, ein Atheist, widersetzte sich gewaltig dem Glauben der Christen. Mit Wissenschaftlichkeit prüft er alles durch das Sieb seines Wissens. Am Ende des Abends sage ich zu ihm: „Auch ein Mensch, der in der Gewissheit Gottes lebt, wagt es, sich sein Leben lang den Fragen zu stellen, die Sie aufgeworfen haben. Diese Infragestellung, die Teil einer im Menschen liegenden Anlage zum Zweifel ist, bringt uns nicht von unserem Weg ab, der uns immer wieder vom Zweifel zum Glauben führt."

26. Juli 1970
In meiner Post ist eine Karte, die eine bei Nacht beleuchtete Kirchenfassade zeigt. Auf der Rückseite stehen die Worte: „Ich danke für die Nachtlampe." Das Kind, das mir da schreibt, war einige Tage mit anderen Kindern mit mir beim Gebet in der Kirche. Ein rätselhaftes, verschlossenes kleines Wesen. Nie erhielt ich eine Antwort, bis zu dem Tag, als ich eine weitere Frage gestellt hatte und erfuhr, dass es sich vor dem Dunkel fürchtete. Beim nächsten Gottesdienst schenkte ich ihm eine Nachtlampe, damit sein Zimmer während des Schlafs beleuchtet sei. Wenn die Kinder, die Tag um Tag bei mir sind, wüssten, wie sehr ihr Warten auf Christus unser Warten trägt!

20. August 1970
Der Mensch ist nur schöpferisch aus seiner Armut heraus. Heute kann ich es sagen: Vor genau 30 Jahren habe ich Taizé entdeckt.

1. November 1970
Ich liebe mein Zimmer mit den orangenfarbenen Wänden, seinem Boden aus breiten Tannenplanken und seiner Decke aus lackiertem Holz. Manche von uns bewohnen größere, andere kleinere Zimmer. Einige benützen zum Schlafen eine Matratze auf dem Fußboden und besitzen nur einen Tisch und eine Kleiderablage. Andere ziehen einen bunter gestalteten Raum vor. Jeden erwartet dieselbe Einsamkeit, wenn er seine Tür hinter sich geschlossen hat. Gewiss, es gibt die Küche, wo man sich gegen elf Uhr abends trifft. Man spricht miteinander, erfährt Neuigkeiten. Dann kehrt

man in sein Zimmer zurück. Das Ja, das wir Christus für das ganze Leben gegeben haben, bedeutet für uns, jeden Abend in derselben Haltung zu leben. Manchmal fällt sie uns schwer. Aber in dieser Einsamkeit suchen wir nicht uns selbst ... Mit den Jahren tut sich uns die einzige Wirklichkeit auf, Christus, unsere erste Liebe.

21. November 1970
Ein kleines Mädchen, das vor einigen Jahren seine Mutter verloren hat, sagte: „Wenn man viele Dinge hat, ist man reich; wenn man all das nicht hat, ist man vielleicht reich – an Liebe."

10. Mai 1971
„Ein Fest ohne Ende" in Druck gegeben. Welche unter den vielen Seiten, die ich zwei Jahre lang einen Tag um den anderen geschrieben habe, sollte ich auswählen? Beim Schlusspunkt angelangt, fragt man sich: Ist es mir gelungen, das auszudrücken, was ich sagen wollte? Nein. Wozu also schreiben? Immer bleibt eine Grenze bestehen, jenseits derer der Mensch mit sich allein ist, im geschriebenen Ausdruck wie in der Spontaneität des gesprochenen Worts.

4. Juni 1971
Die ersten Arbeitsstunden. Mein Zimmer strahlt in einem warmen Licht. Plastisch treten die Dinge hervor, dazu die kaum gemilderte Frische der Nachtluft. Der Mensch zieht aus, um am anderen Ende der Erde das zu suchen, was ihm die nächste Nähe bietet.

Kontemplation

5. April 1972
Bis ans Ende der Welt, ja, wenn nötig bis an die Grenzen der Erde würde ich gehen, um mein Vertrauen in die neue Generation, mein Vertrauen in die Jugend immer wieder hinauszurufen, wieder und wieder.

Unsere Aufgabe als Ältere ist es, zuzuhören, nicht zu verurteilen: zuzuhören, um die schöpferische Intuition zu erspüren, die in den Jugendlichen wohnt.

Sie bahnen Wege, sie brechen Schranken nieder, um das Volk Gottes mit sich fortzureißen. Ihnen wird es gegeben sein, einen Raum jenseits trennender Grenzlinien zwischen den Glaubenden zu erschließen, sie werden Formen des Miteinanders von Glaubenden und Nichtglaubenden erfinden.

Was die alten Menschen anlangt, bin ich überzeugt, dass ohne sie die Erde unbewohnbar wäre. Gesellschaften, Familien, Kirchen, die sie auf die Seite schieben, wissen nicht, was sie tun. Greise, die in ihren Tod einwilligen, erwerben eine unersetzbare Einfühlungsgabe. Sie begreifen mit der Einsicht des Herzens. Mit dem Vertrauen, das die Liebe verleiht, führen sie die Jungen und die nicht mehr ganz Jungen zu ihrem wahren Wesen zurück. Sie sehen das Beste in ihnen und lassen vergrabene Quellen hervorbrechen.

Ein Bruch zwischen den Generationen wäre der Suche nach dem Universellen entgegengesetzt.

8. April 1972
Zusammen mit einem Bruder zu Besuch bei Abbe Buisson. Ein Antlitz voll Frieden und Barmherzigkeit. Er sieht bereits das Unsichtbare. Wird es spürbar? Mit sei-

nen 86 Jahren hat er in meinem Leben ein wenig den Platz eingenommen, den Johannes XXIII. zu seinen Lebzeiten hatte.

Noch als Vierzigjähriger konnte er sich nicht entschließen, Priester zu werden, so sehr war er von Skrupeln, Schuld- und Minderwertigkeitsgefühlen beherrscht. „Das hat mich gelehrt, die Menschen zu verstehen, die zu mir kommen, um sich auszusprechen."

Während ich ihm zuhöre, stehe ich auf, um ihm bei dem behilflich zu sein, was er selber nicht mehr tun kann: drei Gläser aus dem Schrank nehmen, etwas Wein eingießen, Gebäck anbieten, das er für unseren Besuch gekauft hat.

Er behauptet, er könne keinerlei Früchte seines Dienstes sehen. Wenn er in den Schoß Gottes zurückgekehrt sein wird, wird er erkennen, was sein priesterlicher Dienst mit sich gebracht hat.

23. Mai 1972
Pfingstdienstag. Einige Kilometer von hier ist ein junger Mann bei einem Autounfall tödlich verunglückt.

Nach dem Mittagessen traf ich mit dem Fahrer des Kleinbusses zusammen. An dem Unfall hatte er keine Schuld. Er saß in der Kirche auf einem Hocker. Sein Blick schien durchsichtig wie tiefe Wasser vor dem Sturm. Wir sprachen kein Wort. Ich blieb stehen, die Hand auf seinem Kopf. Nach und nach kamen die andern herein, die in dem verunglückten Wagen gesessen hatten. Sie wussten noch nicht, dass Hans-Peter im Krankenhaus gestorben war. Sie entnahmen es unserem

Schweigen, so wie sie nacheinander hereinkamen. Ich fing an zu beten, andere stimmten ein in eine lange und nüchterne Litanei.

Später erzählten sie mir, dass der siebzehnjährige Elektromechaniker Hans-Peter erst vor kurzem wieder zum Glauben gefunden hatte. Der junge Fahrer hatte ihm darin besonders nahe gestanden.

4. Juni 1972
Die frische Luft nach dem heutigen Regen erquickt bis in die Seele hinein. Das zarte Abendlicht auf den Bergen von Tournus ändert sich von Augenblick zu Augenblick. Im Tal die schnellen Wagen – es ist die Stunde nach Arbeitsschluss.

7. Juli 1972
Heute geht Patriarch Athenagoras in das ewige Leben ein. Mit ihm verschwindet ein Mensch von derselben prophetischen Eingebung wie Johannes XXIII.

In seinen letzten Jahren sind ihm Prüfungen nicht erspart geblieben. Er hat begriffen, welche Wandlungen im Volk Gottes notwendig sind, aber die Situation zwang ihn, seine besten Intuitionen für sich zu behalten. Dennoch blieb er Optimist. „Wenn ich am Abend wieder in mein Zimmer zurückkomme", sagte er eines Tages zu mir, „so lasse ich meine Sorgen draußen vor der Tür und sage: morgen!"

Unvergesslich bleibt mir, was er vor zwei Jahren anlässlich meines letzten Besuches in Istanbul zweimal zu mir gesagt hat: „Ich möchte Ihnen etwas bekennen: Sie sind Priester, ich könnte aus Ihrer Hand den Leib und das Blut Christi empfangen." Und am nächsten Tag: „Ich könnte bei Ihnen beichten." Beim Abschied blieb er in der offenen Tür stehen, hob die Hände hoch, als erhebe er den Kelch, und sagte noch: „Der Kelch und das Brotbrechen, eine andere Lösung gibt es nicht. Denken Sie daran."

Auch eine Wallfahrt mit ihm in einem Auto rings um Istanbul anlässlich eines früheren Besuches zusammen mit Max hat sich mir eingeprägt. Jedes Mal, wenn der Wagen an einer Stelle vorbeifuhr, an der ein Christ für Christus gestorben ist, ließ er das Tempo verlangsamen oder den Wagen anhalten. Wir machten das Zeichen des Kreuzes.

15. Juli 1972
Das Wesentliche bleibt unseren Augen verborgen ... Und das vermehrt noch unsere Sehnsucht, zur einzigen Wirklichkeit vorzudringen.

Sollte sich aus den Überlegungen dieser Tage das Motto für mein nächstes Buch ergeben?

4. März 1973
Heute früh in der Kirche am Ende einer Reihe von Leuten, die mit mir sprachen, kam ein kleines Mädchen und fragte mich: „Können Sie mich beichten lehren?" Eine Last liegt auf den schwachen Schultern dieses Kindes. Wie kann sie mit ihren acht Jahren schon dermaßen von Ängsten bedrückt sein? „Wer kann uns verurteilen, wenn Jesus für uns betet?" Dieses Wort möchte ich für die Predigt am Ostermorgen meditieren.

7. März 1973
Gespräch über den Sinn der Fastenzeit mit einem jungen Pfarrer, der hier für ein paar Tage innehält. Fastenzeit: vierzig Tage, die dem Menschen gegeben sind, um über eine Liebe zu staunen, die alles Begreifbare übersteigt.

10. Juli 1973
Einmal mehr habe ich in einem persönlichen Gespräch die Frage gehört: Wie kann ich ich selber sein, wie kann ich mich selbst verwirklichen? Manche quält diese Frage in beängstigender Weise.

Dabei fällt mir eine Überlegung eines Bruders über seine Begegnung mit Jesus ein: „Er hat nicht zu mir gesagt: sei du selber, sondern: sei mit mir." Wie Recht er hat! Christus sagt uns nicht: „Suche dich selber", und auch nicht: „Lauf hinter dir selber her", sondern: „Komm und folge mir!"

Wenn „man selber sein" heißt, die Masken, bequemes Anpassungsverhalten, überlieferte Verhaltensmuster fallen lassen – wer würde da nicht zustimmen? Das ist nicht nur gut, sondern notwendig.

Das Evangelium legt dem Menschen nahe, er selber zu sein und seine Gaben hundertfach zu nützen, aber nicht, um sich selber, sondern um dem Nächsten zu dienen.

Dem Evangelium nach heißt „man selber sein", so lange zu graben, bis man auf die unersetzliche Gabe stößt, die in jedem Menschen verborgen ist. Durch diese einzigartige Gabe hindurch, die in nichts der eines andern gleicht, verwirklicht sich der Mensch in Gott.

16. Juli 1973
Gestern Abend auf dem Weg bei der Eiche lange bewegungslos in die Betrachtung des Himmels versunken. Eine schwache Bodenbrise brachte ein Zittern in die Zweige. Oben tanzten die Wolken, vom Vollmond beschienen und von Windstößen getrieben.

In mein Zimmer zurückgekehrt saß ich auf dem Fenstersims, die Beine über das Vordach gehängt, unfähig, den Blick von den vom Wind getriebenen Wolken loszureißen. Der Mond tauchte auf und verschwand. Wenn er sich verschleierte, entstand am Himmel ein nächtlicher Glanz.

Heute Morgen war ich während des gemeinsamen Gebets überzeugt, dass keine Last zu schwer sein wird. Alles erschien wünschenswert. Und in dieses friedliche Licht getaucht, nahm der Tag seinen Lauf in der Gewissheit einer Gegenwart.

Warum vergisst man starke Augenblicke so leicht, als wären sie nie gewesen? Es ist keine Zeitverschwendung, sie aufzuschreiben.

8. August 1973
Manche Menschen wollen überall von Anfang an dabei gewesen sein. Wenn sie nicht bei den ersten Schritten eines Vorhabens dabei gewesen sind, wollen sie sich nicht beteiligen. Wissen sie, dass das Schöpferische in der Folgezeit nicht weniger als in den Anfängen gegenwärtig ist? Manchmal kommt es sogar in der Weiterführung stärker zum Zug. Sonst bleibt es bei Abenteuern ohne Zukunft. Sobald der blendende Glanz eines Feuerwerks erstorben ist, bleiben wir im Finstern zurück.

Dieu de toute miséricorde,
fais de nous des humbles de l'Évangile.
— nous voudrions tellement comprendre
qu'en nous le meilleur se construit
à travers une confiance toute simple.
...... et même un enfant y parvient.

Gott allen Erbarmens, du lässt uns die Gute Nachricht begreifen: niemand, kein Mensch ist von deiner Liebe, deinem Verzeihen ausgeschlossen.

Für uns in Taizé war die schöpferische Kraft in unseren letzten zwölf Jahren nicht weniger spürbar am Werk als in den ersten Jahren.

23. Oktober 1973

Zur Geburtstagsfeier eines Bruders haben wir Cristobal zum Essen eingeladen. Wir sprechen von den Überschwemmungen in Andalusien. Er erinnert sich, schon als Zehnjähriger erlebt zu haben, wie ein Strom von Wasser und Schlamm über Malaga hereinbrach. Das Haus seines besten Freundes Eduardo brach vor seinen Augen zusammen. Während die Mauern einstürzten, sah er, wie der Strom den Körper Eduardos mit sich fortriss. Die ganze folgende Woche hindurch ging er täglich zum Tabernakel in der Kirche seines Wohnviertels. Er rang mit Gott und fragte immer wieder, warum Eduardo nicht mehr da sei. Nach acht Tagen hatte er seinen Frieden wiedergefunden. Er hatte Gott gesagt: „Ich habe nur dich." Bei diesen Worten begann Cristobal zu weinen und weinte lange, sehr lange. Wir beschlossen, den Nachtisch für die nächste Mahlzeit aufzuheben, und Cristobal sagte: „Ich komme und singe Flamencos." Und abends bei Tisch sang er unermüdlich.

24. Oktober 1973

Die Ereignisse annehmen, auch die kleinsten, ohne Hintergedanken, ohne Bedauern, ohne Wehmut, aber in unerschöpflichem Staunen.

Geh, geh weiter, setz einen Fuß vor den andern, vom Zweifel geh weiter zum Glauben, und kümmere dich nicht um das, was unmöglich scheint. Entzünde ein Feuer, selbst mit den Dornen, die dich zerreißen.

4. Dezember 1973
Schon mehrere Tage lang konnte man für meine Mutter nichts mehr tun: sie nahm keine Nahrung mehr zu sich. Heute morgen sagte sie in der Absicht, alle zu beruhigen, zu einem Bruder: „Das Leben ist schön", und sie fügte hinzu: „Bleiben wir voll Freude." Am Nachmittag flüsterte sie noch einmal: „Das Leben ist schön." Und dann mehrmals hintereinander: „Jesus, ... es ist schön." Das waren ihre letzten Worte. Um acht Uhr, während wir zum gemeinsamen Abendgebet in der Kirche waren, ging sie in die Ewigkeit Christi ein. Sie ist ganz sanft erloschen, der Atem wurde einfach immer langsamer.

Nach ihrer ersten Herzattacke vor einigen Jahren sagte sie, sobald sie wieder sprechen konnte:

„Ich fürchte den Tod nicht, ich weiß, an wen ich glaube ..., aber ich liebe das Leben."

Aufbruch

4. September 1974
In meiner Jugend – zu einer Zeit also, da Europa von so vielen Spaltungen zerrissen war – ließ mir eine Frage keine Ruhe: Warum diese Gegensätze, diese unwiderruflichen Urteile unter den Menschen, ja sogar unter den Christen? Und ich fragte mich: Gibt es auf unserer Erde einen Weg, auf dem man dahin gelangt, beim andern alles zu verstehen?

Es kam ein Tag, den ich datieren kann, an einem

Ort, den ich beschreiben könnte, wo ich im gedämpften Licht eines Spätsommerabends, als sich die Schatten über die Landschaft senkten, einen Entschluss fasste. Ich sagte mir: Wenn es diesen Weg gibt, dann fange bei dir selber an und mache es dir, dir selber, zur Aufgabe, bei jedem Menschen alles zu verstehen. An jenem Tag war ich überzeugt, dieser Entschluss würde bis zum Tod gelten. Es ging um nichts Geringeres als darum, das ganze Leben lang immer wieder auf diesen unaufhebbaren Entschluss zurückzukommen: mehr danach zu trachten, alles zu verstehen, als selber verstanden zu werden.

10. September 1974

Gestern abend zu Hassan gesagt: „Ihre Anwesenheit hier bürgt dafür, dass wir bald nicht mehr von der Liebe Gottes sprechen können, ohne den Schatz an Gottvertrauen aufzudecken, den die Religionsfamilie birgt, aus der Sie stammen, der Islam."

26. April 1975

Eine laue Nacht. In der Ferne zeichnen sich in dem im Vollmondschein weiß leuchtenden Nebel die Umrisse der Hügel von Cortambert und Bray ab. Das Glück – es ist da, in greifbarer Nähe. Nie nach ihm suchen, sonst flieht es. Es liegt in der Wachheit bewundernden Staunens. Manchmal scheint das Glück für lange, sehr lange Zeit zu verschwinden.

Und doch ist es da, plötzlich steht es vor Augen. Es ist ganz nahe, wenn der Mensch liebt, ohne sich viel darum zu kümmern, ob er wiedergeliebt wird. Und wenn sich dieser Mensch dann auch noch von vielen geliebt weiß, müsste ihn namenloses Glück erfüllen

20. September 1975
Teresa von Avila und Johannes vom Kreuz nahmen eines Tages zusammen eine Mahlzeit ein. Man brachte Trauben. Johannes vom Kreuz sagte: „Ich werde nicht davon essen, denn zu viele Menschen haben keine." Teresa entgegnete: „Ich dagegen werde davon essen, um Gott zu lobpreisen für diese Trauben." Dieser Dialog versinnbildlicht eine von den Spannungen in der heutigen Kirche.

3. Januar 1976
Mit dem Herzen eines Kindes alles *dir* anvertrauen. Sich dir ausliefern. Dir anvertrauen, was uns im Innersten kränkt oder unsere Pläne durchkreuzt, für den Gegner beten und sich nicht scheuen, manchmal seine Qual hinauszuschreien, wenn sich die Prüfungen häufen. Eine starke und schroffe Sprache wagen, die du verstehst, wo Menschen nicht begreifen können. Und immer wieder, in jedem Augenblick dir anvertrauen, was beunruhigt, was quält. Und auch stumm vor dir bleiben.

Dann zählt nach und nach nur noch eines: Dich zu lieben für deine Liebe. Erklingt in mir, Orgeln und Zithern. Flöten, singt in mir. Dumpfe und helle Stimmen zugleich. Nichts soll den unentbehrlichen Lobpreis deiner Liebe zum Verstummen bringen.

25. März 1976
Ein evangelischer Jugendlicher fragt mich, wie er die Trockenheit, die gelegentliche Leere seines Gebets durchstehen kann. Wenn der Mensch sich im Innersten seines Herzens für immer geliebt weiß, dann fürchtet er nicht, im Schweigen zu warten, und sollte manches Schweigen bis zum Tod dauern.

4. Juni
Kurzer Besuch in der Töpferei. Auf der schwarzen Tafel, auf die die jungen Brüder, die hier arbeiten, einen Satz zu schreiben pflegen, stehen derzeit die Worte: „Deine Liebe, Christus, hat meine Seele verwundet. Dich preisend gehe ich meinen Weg." Haben die Brüder einen so tiefen Gedanken gehabt? Nein, Johannes Klimakus schrieb ihn, schon betagt, im siebten Jahrhundert. Mit fünfzehn Jahren war er in das Kloster am Sinai eingetreten. Er hatte verstanden, dass ein Mensch die Passion Christi in seinem ganzen Wesen – Fleisch und Geist – lebt.

Staunen

24. Mai 1977
Unter den jungen Brüdern interessieren sich einige leidenschaftlich für die Schrift. Heute Nachmittag sprachen wir zu mehreren über manche fast unzugängliche Worte im Evangelium. Wie kann man sie den Jugendlichen verständlich machen?

Unmöglich, diese Worte aus dem Zusammenhang zu lösen. Das Evangelium kann nur in seiner Gesamtheit betrachtet werden. Wie jeder im Gesamtzusammenhang seines Lebens und nicht in einer einzelnen Situation gesehen werden möchte, kommt es auch darauf an, die Bibelworte im Zusammenhang der ganzen Schrift zu begreifen.

Sehr oft gehen wir an die Schrift heran, als läsen wir einen Brief von jemandem, den wir über alles lieben, der uns jedoch in einer unbekannten Sprache schreibt. Wir versuchen wenigstens einige Worte zu übersetzen, womöglich die einfachsten. Lassen wir beiseite, was uns im Evangelium unzugänglich bleibt. Später werden andere uns helfen, es zu verstehen.

22. April 1978
Sehr oft waren ein einziger Mann oder eine einzige Frau, die es wagten, allein in einer Kirche zu beten, mit ihrer Ausdauer für andere ein lebendiger Aufruf. Es genügt ein Einziger, und eines Tages werden viele auf denselben Weg geführt.

7. August 1978
Wer zu lieben, wer zu leiden weiß, für den ist das Leben voll ungetrübter Schönheit.

Blühen

4. Juni 1979
Ein neunjähriges Mädchen hat feuchte Augen. Es muss abfahren. Es ist so gerne dreimal am Tag beim Gebet dabei. Es geht in seinem Leben durch die Prüfung der Verlassenheit, dieses Trauma unserer Zeit. Ich schreibe ihm: „Vergiss nicht, dass Gott dich zuerst geliebt hat. Er hat so tiefes Vertrauen in dich." Vielleicht wird ihm

die Großmutter diese Worte seinem Alter angemessen erklären. Vielleicht wird es auch schon vorzeitig von selbst verstehen, so sehr macht sich in ihm die Reifung bemerkbar.

12. Juni 1979

Abraham zieht los, ohne zu wissen, wohin er geht, im Vertrauen. Und er gerät in ein Abenteuer: Es wird von ihm verlangt, ein Opfer zu bereiten, das seines Sohnes Isaak. Sein Sohn fragt ihn: „Hier ist das Holz, da ist das Feuer, wo ist das Opferlamm?"

Kein Vorankommen im Glauben, ohne dass sich diese Frage nicht wenigstens einmal im Leben stellt und wir zu entdecken haben, was hinzugeben von uns verlangt wird.

Doch warum den Willen Gottes fürchten? Er ist nichts als Wille zur Liebe. Gott will nicht menschliches Leiden.

Das Holz ist das Vertrauen des Herzens. Mit ihm allein wird das Feuer einer Liebe entfacht.

2. Mai 1980

In unserer Kirche steht die Nachbildung einer aus Ägypten stammenden koptischen Ikone aus dem siebten Jahrhundert. Sie zeigt Christus, der seinen Arm auf die Schulter eines unbekannten Freundes legt. Mit dieser Geste übernimmt er die Lasten, die Schuld, die ganze Bürde, die auf dem anderen liegt. Er steht seinem Freund nicht gegenüber, er geht an seiner Seite, er begleitet ihn. Jeder von uns ist dieser unbekannte Freund. Bereits im siebten Jahrhundert wusste man, dass Christus nicht kommt, um den Menschen zu strafen. Er steigt bis an die tiefste Stelle des Menschseins hinab. Nicht die geringste Spur von dem, was uns bedrückt, lässt er auf uns liegen.

29. *Januar 1981*
Kern unseres Lebens ist es, sich von Gott geliebt zu wissen. Alles in unserem Leben entspringt dieser Freundschaft.

Feuer

Gebete

Jesus Christus, inneres Licht,
lass nicht zu, dass das Dunkel zu mir spricht,
lass mich deine Liebe empfangen.

Ahnst du ein Glück? Brief aus Taizé 2001, S. 3

Heiliger Geist,
jedem wird deine Gegenwart gewährt.
In dir finden wir den Trost,
damit du unser Leben überfluten kannst.
Und wir ahnen, dass wir dir im Gebet
alles anheimgeben können.

Innerer Friede, S. 99

Jesus, unsere Freude,
wenn wir begreifen, dass du uns liebst,
kommt etwas in unserem Leben zur Ruhe
und verwandelt sich sogar.
Wir fragen dich: Was erwartest du von mir?
Und durch den Heiligen Geist antwortest du:
Nichts soll dich verwirren, ich bete in dir,
wage es, dein Leben zu geben.

Gemeinsame Gebete, S. 35

Ein Durst erfüllt meine Seele:
Dir, Christus, alles zu überlassen.

Ahnst du ein Glück? Brief aus Taizé 2001, S. 3

Dieu de paix,
tu viens déposer au plus profond de nous-mêmes
ton Esprit Saint. Il apporte et la simplicité
du cœur et la consolation si indispensables pour
avancer en communion avec toi, le Christ.

*Gott des Friedens, du kommst und legst zutiefst in uns
deinen Heiligen Geist. Er bringt uns die Einfachheit des
Herzens und den Trost, die unabdingbar sind, um in
Gemeinschaft mit dir, Christus, unseren Weg zu gehen.*

Lebendiger Gott,
du versenkst unsere Vergangenheit in Christi Herz
und nimmst dich unserer Zukunft an.

Gemeinsame Gebete, S. 38

Jesus Christus,
du bist nicht auf die Erde gekommen,
um die Welt zu verurteilen,
sondern damit durch dich, den Auferstandenen,
jeder Mensch auf einen Weg der Gemeinschaft findet.
Und wenn die Liebe bereit ist zu verzeihen,
lebt auch ein leidgeprüftes Herz wieder auf.

Innerer Friede, S. 68

Heiliger Geist, lass nicht zu,
dass unsere Herzen sich betrüben,
stärke uns in unserer Nacht,
schenke uns deine Freude.

Innerer Friede, S. 171

Dich, Christus, suchen heißt:
auch in der tiefsten Einsamkeit deine Nähe
    entdecken.
Glücklich, wer sich dir überlässt.
Glücklich, wer sich dir mit einem Herzen
voll Vertrauen nähert.

Innerer Friede, S. 72

Heiliger Geist, Tröster Geist,
wir leben in einer Welt,
in der uns das Leiden unschuldiger Menschen
aus der Fassung bringen kann.
Gib, dass wir ihnen zum Widerschein
deines Mitleidens werden.

Lieben, S. 66

In allem den Frieden des Herzens,
Freude, Einfachheit, Barmherzigkeit.

Gemeinsame Gebete, S. 18

Lebensdaten

1915: Roger Louis Schutz-Marsauche wird am 12. Mai im Dorf Provence (Französische Schweiz) geboren als neuntes Kind von Charles Schutz und Amélie Marsauche.
1918: Lernt die Großmutter mütterlicherseits kennen, deren Vorbild für ihn sehr wichtig wird.

1931: Erkrankt für einige Jahre an Tuberkulose, mit einem lebensgefährlichen Rückfall.
1936: Beginnt auf Wunsch des Vaters ein Theologiestudium in Lausanne und setzt es später in Straßburg fort.
1937: Nach einer Zeit von Glaubenszweifeln in der Jugend („Ich zog nicht so sehr die Existenz Gottes in Zweifel, sondern zweifelte an der Möglichkeit, Gemeinschaft mit Gott zu haben. Ich konnte nicht ehrlichen Herzens beten.") bemerkte er im Sommer dieses Jahres am Krankenbett einer seiner Schwestern, dass er mit Psalm 21,8 beten konnte: „Dein Angesicht, Herr, suche ich." Einige Monate später fand er zum Glauben zurück, als er in einem alten Buch den Satz las: „Christus ermöglicht es, Gott zu erkennen."
1939: Wird zum Vorsitzenden einer christlichen Studentenvereinigung gewählt. Aus ihr geht eine Gruppe hervor, die sich regelmäßig zu Austausch und Einkehr trifft.

1940: Verlegt seinen Wohnsitz aus der neutralen Schweiz in das geteilte Frankreich mit der Absicht, eine Gemeinschaft ins Leben zu rufen. Er kommt am 20. August in das südburgundische Dorf Taizé unweit der Demarkationslinie, wo er ein schwer verkäufliches Haus erwirbt und durchreisende politische Flüchtlinge, vor allem Juden, beherbergt.

1942: Wird entdeckt und kann zwei Jahre lang nicht nach Taizé zurückkehren, während dieser Zeit schließen sich ihm in Genf die ersten Brüder an.

1944: Rückkehr nach Taizé, kümmert sich um deutsche Kriegsgefangene, die in zwei Arbeitslagern in der Umgebung festgehalten werden.

1949: Sieben Brüder gehen das Lebensengagement ein, in Einfachheit ein gemeinsames Leben zu führen. Frère Roger ist Prior. Im selben Jahr vermittelt ihm der Kardinal von Lyon die erste Privataudienz bei Papst Pius XII.

1951: Nachdem die Zahl der Brüder auf zwölf gestiegen ist, sendet die Communauté einige von ihnen dazu aus, unter armen Menschen zu leben. Später verbringt Frère Roger jedes Jahr einige Wochen bei ihnen, unter anderem nach dem Staatsstreich in Chile, während des Krieges im Libanon, in Südafrika und Kalkutta.

1953: Veröffentlicht zu Ostern die „Regel von Taizé", die wesentliche Lebensorientierung der Communauté, die später „Quellen von Taizé" genannt wird.
1958: Begegnet Papst Johannes XXIII., der für die Communauté zur wichtigen Bezugsperson wird. Seitdem wird Frère Roger jedes Jahr vom jeweiligen Papst in Privataudienz empfangen. Erste Jugendtreffen in Taizé.
1959: Veröffentlicht „Im Heute Gottes leben", danach alle zwei bis drei Jahre ein weiteres Buch.
1961: Auf Einladung Frère Rogers kommen katholische Bischöfe und evangelische Pfarrer zu einem dreitägigen Treffen nach Taizé, einem der ersten Treffen dieser Art seit der Kirchenspaltung im 16. Jahrhundert.
1962: Erster Besuch bei Patriarch Athenagoras in Istanbul,

auf der Rückreise erste Aufenthalte in osteuropäischen Ländern (Bulgarien und Jugoslawien, danach bis zum Mauerfall Polen, Mittel- und Ostdeutschland, Ungarn, Tschechoslowakei, Russland und Rumänien). Nimmt als eingeladener Beobachter zusammen mit Frère Max an allen Sitzungsperioden des Zweiten Vatikanischen Konzils teil.
1963: Teilnahme an der Jahrtausendfeier des Bergs Athos.
1966: Erstes internationales Jugendtreffen in Taizé, nachdem die Zahl der jugendlichen Besucher stetig zugenommen hatte.

1974: Templeton-Preis und Friedenspreis des Deutschen Buchhandels, Eröffnung des „Konzils der Jugend" in Taizé, Veröffentlichung des ersten Briefs an die Jugendlichen, dem seitdem jährlich ein weiterer Brief folgt.
1976: Erster Besuch Mutter Teresas in Taizé, im folgenden Jahr reist Frère Roger mit einigen Brüdern nach Kalkutta.
1978: Erste Reise nach Russland, am Jahresende findet das erste von Taizé aus vorbereitete Europäische Jugend-

treffen in Paris statt, dem seither jährliche Begegnungen am Jahreswechsel folgen, an denen Frère Roger und alle abkömmlichen Brüder teilnehmen, unter anderem in Köln, München, Stuttgart, Hamburg und Wien.
1980: Reise nach Dresden (Foto), Leipzig und Erfurt, in den folgenden Jahren auch nach Ostberlin und Schwerin, auf Einladung Teilnahme an der 450-Jahr-Feier der Confessio Augustana in Augsburg.

1985: Besucht mit Kindern aus verschiedenen Erdteilen UN-Generalsekretär Xavier Pérez de Cuellar und übergibt Vorschläge Jugendlicher, wie die UNO Vertrauen zwischen den Völkern bilden kann. Am Jahresende Teilnahme am ersten von Taizé aus vorbereiteten Interkontinentalen Jugendtreffen auf der südlichen Erdhälfte, im südindischen Madras.

1986: Empfängt Papst Johannes Paul II. in Taizé, der Papst prägt den Ausspruch: „Man kommt nach Taizé wie an den Rand einer Quelle."
1988: Nimmt in Moskau an der Jahrtausendfeier der Taufe der Rus teil, erhält in Straßburg den UNESCO-Preis für Friedenserziehung.
1989: Erhält den Internationalen Karlspreis der Stadt Aachen, am Jahresende in Breslau erstes Europäisches Jugendtreffen auf dem Gebiet des ehemaligen Ostblocks.
1992: Der Erzbischof von Canterbury, George Carey, verbringt mit tausend jungen Anglikanern eine Woche in Taizé.
1995: Nimmt an einen von Taizé aus vorbereiteten internationalen Treffen afrikanischer Jugendlicher in Johannesburg teil.

1997: Kommt auf Einladung zur Europäischen Ökumenischen Versammlung in Graz.
2002: Das 25. Europäische Jugendtreffen findet am Jahresende in Paris statt.

*Jésus notre paix, donne nous un cœur résolu
qui inlassablement cherche une communion avec toi.
Et si nous nous demandons : est-ce possible ?
ton Évangile vient ouvrir nos yeux à la plénitude
de ton amour : ton amour est pardon, il est
lumière intérieure.*

*Jesus, unser Friede, gib uns ein entschlossenes Herz,
das unablässig Gemeinschaft sucht mit dir.
Und wenn wir uns fragen, ob dies möglich ist, öffnet
uns das Evangelium die Augen für die Fülle deiner
Liebe: Deine Liebe ist Verzeihen, sie ist inneres Licht.*

Quellenangaben

Aufbruch	Frère Roger, Taizé, Aufbruch ins Ungeahnte. Deutsche Übersetzung: Thersia Renata. Freiburg i. Breisgau 1977 (vergriffen).
Blühen	Frère Roger, Taizé, Blühen wird deine Wüste. Tagebuchaufzeichnungen (1977–1979). Deutsche Übersetzung: Communauté de Taizé. Freiburg i. Breisgau 1984 (vergriffen).
Fest	Frère Roger, Taizé, Ein Fest ohne Ende. Auf dem Weg zum Konzil der Jugend. Deutsche Übersetzung: Karlhermann Bergner. Freiburg i. Breisgau 1973 (vergriffen).
Feuer	Frère Roger, Taizé, Vertrauen wie Feuer. Tagebuchaufzeichnungen (1979–1981). Deutsche Übersetzung: Communauté de Taizé. Freiburg i. Breisgau 1985 (vergriffen).
Gebet	Mutter Teresa/ Frère Roger, Gebet – Quelle der Liebe. Deutsche Übersetzung: Communauté de Taizé. Bearbeitete Neuausgabe. Freiburg i. Breisgau 1999.
Gemeinsame Gebete	Communauté de Taizé, Gemeinsame Gebete für das ganze Jahr. Sechste Auflage. Freiburg i. Breisgau 2004.
Gründer von Taizé	Kathryn Spink, Frère Roger – Gründer von Taizé. Leben für die Versöhnung. Deutsche Übersetzung und Bearbeitung: Max Söller. Aktualisierte Neuausgabe. Freiburg i. Breisgau 2005.
Innerer Friede	Frère Roger, Taizé, In allem ein innerer Friede. Ein Jahresbegleitbuch. Deutsche Übersetzung: Communauté de Taizé. Bear-

	beitete Neuausgabe. Freiburg i. Breisgau 2003.
Kontemplation	Frère Roger, Taizé, Kampf und Kontemplation. Auf der Suche nach Gemeinschaft mit allen. Freiburg i. Breisgau 1974 (vergriffen).
Lieben	Frère Roger, Taizé, Gott kann nur lieben. Erfahrungen und Begegnungen. Deutsche Übersetzung: Communauté de Taizé. Dritte Auflage. Freiburg i. Breisgau 2005.
Quellen	Frère Roger, Taizé, Die Quellen von Taizé. Gott will, dass wir glücklich sind. Deutsche Übersetzung: Communauté de Taizé unter Mitarbeit von Herbert Dinkel. Bearbeitete Neuausgabe. Freiburg i. Breisgau 2004.
Staunen	Frère Roger, Taizé, Einer Liebe Staunen. Tagebuchaufzeichnungen. Deutsche Übersetzung: Thersia Renata. Freiburg i. Breisgau 1980 (vergriffen).
Vertrauen	Communauté de Taizé, Vertrauen auf der Erde. Deutsche Übersetzung: Communauté de Taizé. Freiburg i. Breisgau 1998 (vergriffen).

Faszination Taizé

Frère Roger, Taizé
In allem ein innerer Friede
Ein Jahresbegleitbuch
Neuausgabe 2004
Format: 11,9 x 19,8 cm, 192 Seiten, gebunden
ISBN 3-451-28346-8
Die kurzen, aber gehaltvollen Texte von Frère Roger für jeden Tag des Jahres bezeugen eine wichtige Erfahrung auf der Suche nach dem ursprünglichen Christsein: Es gibt in allem einen inneren Frieden, den Frieden des Herzens.

Kathryn Spink
Frère Roger – Gründer von Taizé
Leben für die Versöhnung
Aktualisierte Neuausgabe 2005
Format: 11,9 x 19,8 cm, 192 Seiten, Paperback
ISBN 3-451-28703-X
Die einzige autorisierte Biographie über Frére Roger, den Gründer von Taizé.

Wege des Vertrauens
Bilder und Gedanken von Frere Roger, Taizé
2004, Format: 13,5 x 21,0 cm,
24 Seiten, durchgehend farbig illustriert, geheftet
ISBN 3-451-28357-3
Das preiswerte Geschenkheft: Wunderschöne Fotos und einfühlsame Texte von Frère Roger stellen den spirituellen Ort vor.

In jeder Buchhandlung

HERDER